Eleonore Wittke

Dann um zwölf am Zwingel!

Geschichten und Anekdoten
aus Tübingen

Wartberg Verlag

Bildnachweis:
Ingeborg Dehner-Helle S. 6, 9, 12, 13, 15, 25, 35, 39, 40, 43, 53, 68, 70, 71, 76
Geschichtsverein Tübingen e.V. S. 16, 18
Helge Gmelin S. 37
Alma Hämmerle S. 57, 58
Volkmar Kleinfeld S. 29, 31, 47
Friedrich Kratsch S. 65 l
Volker Lamm S. 61, 63
Landesmedienzentrum Baden-Württemberg S. 51
Lookover.at S. 26
Boris Palmer S. 78
Pustefix Dr. Rolf Hein GmbH & Co. KG S. 33
Stadtarchiv Tübingen S. 20, 22, 45, 54, 67
Stadtarchiv Tübingen/Göhner S. 44
Rosemarie Stürner S. 23, 38
Paul Swiridoff Titelbild, S. 49
Hans Steinhorst S. 20, 46
Eleonore Wittke S. 65 r, Rückseite
Universität Tübingen, Botanischer Garten S. 73

1. Auflage 2008

Satz und Layout:
Grafik & Design Ulrich Weiß, Gudensberg
Druck: Druckerei Thiele & Schwarz, Kassel
Buchbinderische Verarbeitung: Buchbinderei Büge, Celle

34281 Gudensberg-Gleichen, Im Wiesental 1
Telefon (0 56 03) 9 30 50
www.wartberg-verlag.de
ISBN 978-3-8313-1906-0

Inhaltsverzeichnis

Also dann am Zwingel!

...rufen sich seit Generationen Liebespaare, Studenten und Schüler zu, wenn sie sich verabreden wollen. Keine Bahnhofsuhr, keine Eisdiele ist in Tübingen der Treffpunkt, sondern dieser schmale Pfad mit Mäuerchen entlang des Neckars zwischen Brücke und Hölderlinturm. Früher zupften hier die Studenten die Laute, später die Gitarre und heute hat man eben den Stöpsel des MP3-Players im Ohr.

Beim Aufschreiben dieser Geschichten haben mir ältere Menschen von sich erzählt und Fotos gezeigt, in alten Papieren gesucht und sind in eigene Erinnerungen eingetaucht. Ihnen danke ich sehr herzlich für die Unterstützung. Ich habe mit ihnen in den 30er bis 70er Jahren des 20. Jahrhunderts gestöbert, also in den Generationen der Großeltern und Eltern. Dabei habe ich als Rei'gschmeckte viel erfahren über dieses Tübingen, an das ich schon vor Jahren mein Herz verloren habe. Und so manches besser verstanden, was seinen Charme ausmacht: Es sind vor allem die Gegensätze, die hier aufeinanderprallen – nicht nur, wenn Gôgen und Professoren an einem Tisch saßen. Hier wird eben ein Marktjunge Oberbürgermeister.

Wenn Sie in dieses Kaleidoskop aus Erinnerungen schauen, fällt Ihnen sicher wieder Tante Emilie ein. Oder haben auch Sie dem Schupo Geschenke an sein Türmchen auf der Kreuzung gelegt? Haben vielleicht auch Sie sich an der überhitzten Zauberdose die Finger versengt? Oder hat bei Ihnen Fräulein Fischer die Zeitung ausgetragen?

Eleonore Wittke

Das waren noch Zeiten …

… als der Hirsch ein großes Wirtshaus und der Löwen ein Weinrestaurant waren, als der Boulanger Kemmler hieß und an der Neckargasse das Wirtshaus zur Steinlach stand, als der Prinz Karl nicht Mensa, sondern Hotel war und das Café Kommerell den Holzmarkt beherrschte.

… als dort, wo jetzt ein Parkhaus ist, der Gasthof König große Stallungen für seine Gäste bereithielt und das Café Walz, dort wo Kronenstraße und Kirchgasse sich trennen, noch zum gemütlichen Schwätzle einlud, und als die Kreissparkasse noch nicht stand, sondern dort die Gaststätte Hanskarle, und als in der Neckarmüllerei auch noch kein Mexikaner war und die Wurschtkuchel noch ein Deutsches Haus war.

… als am Neckartor das Metropol ein Kino und kein Parkhaus war und der Kies seine Gaststätte da hatte, wo es heute Döner gibt. Als an der Stelle vom Zinser der Ochsen stand und gegenüber schon damals Nähmaschinen verkauft wurden und es die Marquardtei in der Herrenberger Straße gab, eine ansehnliche Brauereigaststätte. Und wo bis vor kurzem McDonalds Hamburger briet, gab es einstmals Colonialwaren und Delikatessen. Damals waren Rosenau und Hohenentringen beliebte Ausflugslokale und das Gasthaus Hirsch in Bebenhausen eine Adresse für bessere Leute. Im Waldhörnle kehrten gern die Studenten ein, weil es auch einen Fechtboden hatte. Das Sudhaus war Sudhaus einer Brauerei, die bestes Quellwasser aus dem nahen Berghang nutzte. Das Weilheimer Kneiple lag vollkommen einsam auf weiter Flur fast wie zu Uhlands Zeiten, der ihm ein Gedicht gewidmet hat. Der Schwärzlocher Hof lag noch viel einsamer. Der Ausflug dorthin führte durch Feld und Wald. Wunderbarer Most war die Belohnung für den weiten Weg.

Vor allem die korporierten Studenten, hier die Ulmia, schätzten das Kneipenleben. Wenn's einen Fechtboden gab, umso besser!

Tante Emilie und Mammele

Den Titel „Studentenwirtinnen“ hat man für zwei Frauen in Tübingen erfunden, die von akademischen Standesbezeichnungen denkbar weit entfernt waren. Tante Emilie und ’s Mammele – zwei herausragende Originale Tübingens. Und jede Beschreibung leidet unter dem Mangel an Ausdrucksmöglichkeiten, die Wirt(k)lichkeit zu erzählen. Man könnte auch mit „Es war einmal...“ anfangen.

Gibt es einen Ort, an dem für eine 80-jährige Wirtin ein Fackelzug zum Geburtstag organisiert wird? 1952 geschah das in Tübingen. Kultusminister Sauer sprach auf dem Marktplatz zu „Miss Tübingen“, „der Tante Emilie“.

Als der Wüstenfuchs Erwin Rommel im Tübinger Tropengenesungsheim wieder auf die Beine gekommen war, führte ihn der Weg zu Tante Emilie in die Hirschgasse. In ihrer verräucherten Gaststube schenkte sie abends schon mal ein Gläschen Remstäler aus. Doch es war vormittags. So schlug sie dem Generalfeldmarschall die Tür vor der Nase zu: „Kommet Se heut Abed wieder!“ Respektlos? Nein, eher konsequent. Rommels Sohn ist dann als Student oft bei Tante Emilie eingekehrt. Als er Stuttgarter Oberbürgermeister wurde, hat er sie nicht vergessen, erzählte respektvoll Anekdoten über die „Studentenmutter“ und hat ihr somit ein würdiges Andenken gesetzt.

Winters bullerte bei Tante Emilie das Öfchen, vor dem auch ihr Hund, eher bösartig als artig, wachte oder pennte. Im Märchen wäre sie eine gute Fee gewesen, alt zwar und verrunzelt, aber gut. Denn dass sie Soldaten ohne Urlaubsschein versteckte und jedem gern die Zeche vorstreckte, das wussten die, die es wissen mussten. Sie organisierte Extraportionenen aus dem Remstal, auf dem Leiterwägele vorbei an Kontrollposten, vorbei an amerikanischen Grenzern. Mit Charme und Schwäbisch „Du mei Darling“ schlug sie sich durch, um dann die hungrigen Mäuler ihrer Gäste zu stopfen. Sie fütterte Berühmtheiten durch wie Haering, Spranger oder Zweigert und bat nur selten um „ein paar Merk“. Wusste sie doch, dass niemand etwas übrig hatte. „Zahl das nächste Mal“, war ihre stehende Redensart, wenn wieder jemand „kein Geld dabei“ hatte. Meist ging nur ein Teller rum. Später bedienten und kassierten Studenten, während sie in einer Ecke döste.

Tante Emilie hat das demokratische Prinzip realisiert: Professoren neben Gôgen, Richter neben Handwerkern – Wein und Most mochten sie alle gleichermaßen. Und sonntags auch sehr gern einen Braten. Dass Seminare bei ihr abgehalten wurden, war Ehrensache. Die Erstsemester mussten doch vernünftig ins Studentenleben eingeführt werden. Rektor Prof. Thielike befand: Tante Emilie sei die wahre Erziehungsinstitution der Stadt, die Uni nur für die Lehre zuständig.

Und dann kam das Mammele, die Nachfolgerin von Tante Emilie. Sie übernahm Tante Emilies Tradition und hatte ein ebenso großes Mutterherz für alle, die zu ihr kamen. Sie übernahm auch Tante Emilies Gaststube, als sie auf Vermittlung von OB Gmelin in den Turm am Zwingel verlegt wurde. Das Ge-

Eine typische Handbewegung: Tante Emilie serviert Studenten das, was der Tag hergibt.

mäuer in der Hirschgasse war trotz vieler Proteste abgerissen worden. Auch Mammele war die Herkunft (ausländische oder soziale) ihrer Gäste gleichgültig. Die Unterschiede der Menschen blieben vor der Tür, drinnen waren das Gespräch, der Trunk, das Rauchen, das Beisammensein und ihre Trillerpfeife, mit der sie zur Ordnung pfiff. Zu heftiges Knutschen etwa, das ging ihr gegen den moralischen Strich. Pfiff! „Macht das zu Hause!“

Mammele war die Instanz. Auch zu Weihnachten. Dann scharten sich Menschen aus nicht-christlichen Kulturen oder jene, die keine familiäre Heimeligkeit hatten, um ihren Christbaum. Es duftete nicht nach Lebkuchen, sondern es roch nach abgestandenem Most, nach Qualm, nach Jahre altem Mief. Aber niemand der an einem Heiligabend gezählten Angehörigen von 22 Nationen war hier einsam. Auf die Atmosphäre kam es an, oder Stimmung, oder einfach sie, auf's Mammele. Anfang der 70er Jahre konnte keine Bleibe für sie beschafft werden. Die Miete wurde zu teuer. Eine wunderbare Tradition verschwand in den Himmel der Erinnerung. Und die bürgerlichen Namen der beiden Damen seien noch verraten. Tante Emilie war Emilie Sauer, 1874 in Schnait im Remstal geboren, verstarb 1959. Mammele war Theresia Albus (1912–1986).

Zu Tante Emilies Stammgästen gehörte der Philosophieprofessor Eduard Spranger (1882–1963). Er schrieb in Erinnerung an sie folgende Verse:

Der Kopf war voll, der Magen leider leer;
die Tante nur gab ohne Marken her,
was sie mit Mühe auf dem Land erworben.
Die Alma Mater wäre längst verdorben,
wenn damals sie nicht mütterlich verschafft
vom Leibe her dem Geiste neue Kraft.

Raue Töne in der Unterstadt

Als der Professor von seinem Ausflug in die Weinberge bei Wurmlingen zurückkommt, hat er was zu erzählen. Zur Zeit der Lese ist dort niemandem der Durchgang erlaubt. Deswegen stellt sich ein Gôg' ihm in den Weg und schreit: „Du Dagdiab, i schlag dr glei so aufs Kabbadach, dass de aus de Ribba guggsch, wia an Aff em Käfig. I schlag di en Boda nei, dass de dr Herrgott mit dr Beisszang net rausziaga ka!" Dem Professor fehlen die Worte. Nur „Entschuldigung" kann er stammeln. Da beruhigt ihn der Gôg mit den Worten: „Es isch jo nedd so schlimm, drum sechd mers jo em Guada!" Um den Tisch herum grölt alles, jeder lacht über sich und die anderen. Man stößt an und der Professor bestellt eine neue Runde.

„Bekanntlich ist der Tübinger Weingärtner ein gens suis generis (ein Wesen anderer Art)", heißt es in einer Oberamtsbeschreibung, und als solcher nicht recht definierbar. Aus hartem Stoff biete er in der Arbeit nahezu eine mittlere Pferdekraft; aber er habe keines jener Gefühle, die man unter Pietismus zusammenfasst. Stoff und Form wisse er gegen den Schliff der Zeit mit solchem Erfolg zu wahren, dass man oft glauben möchte, es läge zwischen seinem Wohnsitz, der Unterstadt, und dem Musensitz in der oberen nicht etwa der Holzmarkt, sondern ein Hochgebirge.

Viele Weingärtner verarmten im Laufe der Jahrhunderte, sodass sie sich als Tagelöhner auf dem Bau, im Weinberg, bei der Ernte, beim Eismachen, in der Brauerei oder bei Dienstleistungen für die Stadt ver-

Bei ihren Gängen durch die Unterstadt fing die Fotografin Ingeborg Helle das „Milieu" ein. Einfach und entbehrungsreich war das Leben hier und trotzdem fand man Oasen der Ruhe und Freude.

dingen mussten. Da der Wein aufgrund der mangelnden Qualität keine hohen Preise einbrachte, bauten viele auch Obst und Gemüse an, das sie auf dem Markt verkauften.

Diese kauzigen, knorrigen Menschen waren bei näherer Bekanntschaft oftmals reizende Leute, gastfreundlich und offenherzig. Wer bei einem Wengerter wie zum Beispiel der Familie Berthold in die Besenwirtschaft kam, erhielt ein großzügig bemessenes Vesper, einen Krug Most oder Heurigen, und dann wurden alle Themen der Welt durch die Stammtischmangel gedreht, blieben alle Sorgen für ein paar Stunden draußen, reduzierte sich das Denken und Fühlen auf Wohnstuben- oder Vorgartenmaß.

Eine Karre voll Trester vor der Jakobuskirche abgestellt: Hier konnten ihn sich die Leute aus der Unterstadt als Viehfutter abholen.

Wer um die Ecke der Kornhausstraße in die Hirschgasse ging, kam zur Schleiferei Eugen Maier. Dort arbeitete der Handwerker bei gutem Wetter auf der Straße und die Kinder tobten um ihn herum. Und dann ein bisschen weiter gelangte man zur Jakobuskirche. Hier leerten die Wengerter den Trester aus. Scharfsüßer Duft stieg von der dunkelroten Masse auf. Anwohner durften sich bedienen und sich davon Futter für ihre Tiere mitnehmen.

Weg damit ins Rübenloch

Stinken tat er schon, aber was sollte es? So war es schon Jahrhunderte lang, und eine Eindolung, die koscht viel Geld. Woher nehmen, wenn nicht stehlen? Nein, nein, der Ammerkanal blieb allein mit Holzbohlen bedeckt. Sein Lauf, bereits im Mittalter gelegt, zweigte beim Ammerhof ab und fand das Flüsschen wieder im Botanischen Garten, bei Lustnau erreichen beide gemeinsam den Neckar. Die ganze Unterstadt wird gleichsam vom Kanal umarmt. Einst führte er offen über den Platz bei der Krummen Brücke. Das harmlose Gewässer konnte wütend werden und bei Hochwasser die ganze Unterstadt fluten. In der Langen Gasse hat ein Bäcker schon mal Fische aus dem Backofen geholt. Das war weniger lustig als der Spaß für die Jungen, die sich im Zuber die Fluten hinabtreiben ließen. Anfang des Jahrhunderts öffnete das städtische Stadtreinigungsamt samstags bei der Stadtmühle die Schleusen und spülte mit dem Wasser den ganzen Mist und Müll aus der Seelhausgasse, Am Kleinen Ämmerle und der Bachgasse weg. In der Langen Gasse verschwand dann alles im „Rübenloch", dem Kanalbett, auf Nimmerwiedersehen.

Es war auch zu jener Zeit, als an der Krummem Brücke der Adlerwirt seine Gänse ins Wasser trieb, die Fuhrleute die Pferde tränkten, die Schäfer die Felle und die Frauen die Wäsche wuschen, die Metzger die Abfälle reinwarfen und Jungen – ebenso wie ihre Väter – ihren Holzschiffle nachsahen. Der schmale steile Kapitänsweg, der ein paar Schritte südlich zum Schloss hochführt, verweist auf Metzgermeister Kurz, genannt Opel, der mal den Brühmut nach der Schlachtung in den Kanal kippte und beim Bemühen ihn zu halten, gleich mit reinfiel und dann in seinem großen Kübel abtrieb. Ob er sich selbst oder die Nachbarn ihn dann „Kapitän“ nannten, ist nicht überliefert.

In der Unterstadt, hieß es, lebten übrigens lauter „Unsterbliche“, nämlich alle die, die einen Sturz ins Wasser überlebt hatten. Und das hatte fast jeder, gleichwohl man 100 Meter bis zum Konvikt oder weiter zum Nonnenhaus getrieben wurde.

Gemäuer, Gewässer und harte Zeiten: Heute finden wir dieses Motiv pittoresk.

In den 30er Jahren des 20. Jahrhunderts war der Gestank noch nicht gewichen. Diverse Außenklos auf Stelzen hatten noch keine Grube. Die Frauen warfen die Küchenabfälle raus, weil dort die Hühner scharrten und alles Fressbare verwerteten. Sie schütteten das Waschwasser raus, weil das den Hühnermist wegspülte. Sie schütteten auch anderes raus, Nachttopfinhalte zum Beispiel, und da vor jeder Haustür die Miste ihren Platz hatte, floss eben auch daraus alles offen ab. Und so manche der Frauen stellte sich breitbeinig auf die Straße und ließ Wasser.

Von Ausgrenzung bis Vernichtung

Johannes und Günther verstanden die Welt nicht mehr. Ihr Klassenkamerad Simon war nicht ins Freibad gekommen, obwohl sie sich mit ihm verabredet hatten. Ohne ihn machte es einfach keinen Spaß. Simon war der beste Schwimmer unter ihnen. Er wagte die mutigsten Sprünge und traute sich auch bei Hochwasser an der Strudelstelle des Neckars über den Fluss zu schwimmen. Später, viele Jahre später, saßen Johannes und Günther als Studenten bei Tante Emilie und gestanden sich ein, dass sie damals, Ende der 30er Jahre, ihre jugendliche Unbeschwertheit verloren hatten. Sie wagten nicht, weiter und immer weiter nachzubohren, was es denn mit Simon auf sich hatte. „Hört endlich auf zu fragen!", hatten die Eltern gesagt. Bloß der Herbert wurde aufsässig und legte sich mit dem Lehrer an: „Das darf doch

Die Freundinnen Doris Bernheim und Liselotte Schäfer blicken aus dem Wohn- und Geschäftshaus „Eduard Degginger Nachf." auf dem Holzmarkt.

nicht wahr sein, dass ein Mitschüler, nur weil er Jude ist, nicht mehr mit uns baden gehen darf!" Mit diesem Vorfall sei ein Stück ihrer jugendlichen Unbeschwertheit verloren gegangen.

Am 15. Mai 1933 schloss Tübingen „Juden und Fremdrassige" vom Besuch des Freibads aus. Doch das war nur der Anfang. Die Stadt brach die Geschäftsbeziehungen zu dem jüdischen Bankhaus Weil ab, und das Tapeten-, Teppich- und Linoleumgeschäft Löwenstein (Wilhelmstr. 3) durfte keine Tapeten für öffentliche Neubauten mehr liefern. Diffamierungen und Ausschlüsse von Aufträgen ruinierten die jüdischen Unternehmen. Wie viele andere, floh die Familie Löwenstein nach Haifa ins Exil.

Die Nürnberger Gesetze zur „Rassentrennung" wurden auch in Tübingen radikal umgesetzt. Rosenbergs Phrase vom Juden „als Völkerparasit" setzte sich hier als Forderung u.a . nach einer „judenfreien Hochschule" fort. Juden durften nicht mehr ins Café Pomona am Neckartor gehen. Es warb mit „judenfrei". Das größte Textilgeschäft der Stadt wurde vom Tübinger Karl Haidt übernommen, nachdem die beiden jüdischen Geschäftsinhaber Jakob Oppenheim und Albert Schäfer wegen des jahrelangen Boykotts hatten aufgeben müssen. Viele Familien waren betroffen, und in Tübingen erinnert man sich noch, „wer mit wem" konnte, „wer welches Geschäft hatte", wer in einer „Mischehe" lebte und wo es Orte der unbefangenen Begegnung gab (z.B. Café Bechtle in der Gartenstraße. Die mittelalterliche „Judengasse" hatten die Nazis in Würdigung eines früheren Parteilokals „Schottei" in der Haaggasse in Schotteigasse

Renate Hayum, Inge Lion und Edith Marx ahnen nichts von antijüdischen Maßnahmen. Die Mädchen posieren auf der Platanenallee.

umbenannt. Damit sollten alle Spuren jüdischen Lebens ausradiert werden.

Die meisten Bürger schwiegen zu Ausschaltung und Verhaftung, manche waren hoch einverstanden. Den Höhepunkt bildete die Schändung und Zerstörung der Synagoge in der Gartenstraße in der sogenannten Reichspogromnacht vom 9. auf den 10. November 1938. Bis 1942 dauerte die Deportation der Tübinger Juden, die die meisten von ihnen in die Todeslager führte. Seit 1939 hatte an der Spitze der Stadtverwaltung SS-Sturmbannführer Zahnarzt Dr. Ernst Weinmann gestanden. Er war auch als „Umsiedlungskommissar beim Militärbefehlshaber in Serbien" maßgeblich an der Deportation von Juden und der Verschleppung von Slowenen beteiligt. Nach Kriegsende wurde er als „Henker von Belgrad" in Jugoslawien zum Tod verurteilt und gehängt.

Bescheidene Bitte ans Himmelsbüro

Adventszeit, Zeit der Wunschzettel. Regelmäßig können sich der Weihnachtsmann und das Christkind vor Post kaum retten. Und die Wünsche wachsen! Wo nicht Playstation oder Laptop drin ist, sollte am besten auch gar nicht „Geschenk“ draufstehen. Das war nicht immer so und schon gar nicht am Kriegsende 1945, als ein Tübinger Mädchen einen rührenden Brief an das Himmelsbüro schrieb.

„Tübingen, den 8. 12. 45
Liebes Christkind!
Ich wünsche mir so brennend, daß recht bald alle Flüchtlinge Sachen und ein warmes Zimmer haben. Und deshalb haben wir beschloßen, daß wir uns nichts zu Weihnachten wünschen wollen. Auch all die Kinder die keine Eltern haben, müssen in erster Linie etwas von Dir bekommen. Bei uns kannst Du auch noch Spielsachen holen, wir müssen sie bloß noch instandsetzen. Weißt Du, auch das liegt uns so sehr am Herzen, die Väter, die Männer und Brüder der meisten deutschen Familien sind noch nicht zurückgekehrt, und tröste auch die Familien, die in tiefer Trauer sind, so auch Oma, Tante Leni und Tante Traute.“

Ob der Text nicht unter elterlichem Einfluss verfasst wurde? Kindern musste man nahebringen, dass sie ihre Erwartungen wirklich ganz niedrigzuhalten hatten. Nüsse, Gutsle und ein paar Socken waren schon großartig. Und wenn auch diese Familie beschlossen hatte, auf alles zu verzichten, so traute sich das Kind aus einer Pfarrfamilie dennoch, eine Bitte auszusprechen:

Für uns habe ich noch den einen Wunsch, daß mein geliebtes Puppenhaus und meine Wiege mit der instandgesetzten Hannelore unter einem schönen strahlenden Tannenbaum steht und besonders, daß die Krippe auch da ist.“

Ein Tretrollerle war ein so wunderbares Kinderspielzeug!

Eine Bombe und weiße Fahnen

Bekanntermaßen blieb Tübingen während des Zweiten Weltkrieges weitestgehend von Zerstörungen verschont, sodass wir uns noch heute an dem historischen Stadtbild erfreuen können. Aber so einfach ist es dann eben doch nicht. Am 15. März 1944 zerknallte die Luft, dann zerbarst das Uhlandhaus an der Eberhardsbrücke. Der einzige Luftangriff. Die Detonation ließ Fenster und Türen der Häuser am Neckarufer zerbersten. Und Marie Rau, Mutter von acht Kindern, erlitt einen Schlaganfall. Erschrecken, Angst, Hilflosigkeit. Sie hat den Schock nur kurz überlebt. Dann erlag sie ihrem Leiden.

Ein Jahr später, am 19. April 1945, wurde Tübingen besetzt und ein Gerücht besagte, dass kurz zuvor noch 200 Bomber für die Nachbarstadt Reutlingen bestellt worden seien. Wie ein Lauffeuer ging die Nachricht um, dass der dortige Oberbürgermeister Oskar Kalbfell mit einer weißen Fahne den Panzern schon vor Betzingen entgegengegangen sei, um die Stadt an die Alliierten zu übergeben. Auch Hedwig Rieth, die spätere Tübinger Politikerin, hörte von dem Gerücht. Als sie diese Meldung an die Verwaltung nach Tübingen weitergeben wollte, „sah ich hinter der hohen Gartenmauer drei schlafende Soldaten liegen. Verängstigte, hungrige, junge Gesichter, übernächtigt, weil sie schon Wurmlingen und dann Tübingen hätten verteidigen sollen – und nun versprengt, ohne Befehl mit einer Panzerfaust und zwei Gewehren lagen sie da. (...) Mein Rat, sie sollten schnell ihre Waffen in den nahen Kaibach werfen und zurückkommen zu warmem Tee

Hedwig Rieth hatte den Umtausch der französischen mit den neuen deutschen Autoschildern so lange wie möglich herausgezögert. Die SPD-Dame bekam ein „X".

und Broten, veranlasste eine Flüchtlingsfrau zu bedeuten, das sei ‚Wehrkraftzersetzung'."

Hedwig Rieth kam 1910 auf die Welt. Dass aus ihr eine große Demokratin wurde, kommt nicht von ungefähr. Schließlich war sie die Tochter der Reutlinger Sozialdemokratin Laura Schradin, die sich schon als junge Frau für Gewerkschaftsarbeit interessiert hatte und 1897 in die SPD eintrat. 1919 zog Laura Schradin für die SPD als erste Frau in den Landtag von Württemberg ein. Ihr Einsatz für die Bildung der einfachen Leute stand unter Motto: „Wissen ist Macht" und sie warb für das Frauenwahlrecht.

Tochter Hedwig tat es ihrer Mutter gleich: Aufgewachsen in einem offenen Elternhaus und verheiratet mit Prof. Gustav Adolf Rieth, Paläontologe, Vorgeschichtler und Künstler, hatte sie Beziehungen zu vielen berühmten Zeitgenossen. So war das Ehepaar z.B. befreundet mit Otto Dix und Carlo Schmid. Rieth war derjenige, dem nach dem Krieg der Aufbau des Denkmalwesens in Südwürttemberg übertragen wurde. Dass Hedwig Rieth in Tübingen Stadträtin wurde und dort 25 Jahre lang wirkte, ist nur konsequent.

Arbeit, Arbeit, nichts als Arbeit

Sie haben geschuftet, die Unterstädtler, diese Gôgen. Alle mussten mit dem Wenigsten zufrieden sein. Tag für Tag. Zwischen den Weltkriegen war es besonders knapp und das Einkommen reichte hinten und vorne nicht. Fünf Mark für den halben Tag verdiente z.B. Rosemarie Stürners Mutter Hedwig Höckh als Putzhilfe in sogenannten Laufhäusern. Das Geld steckte die Tochter der Familie Schmid, die in der Bachgasse/Ecke Lazarettgasse wohnte, in die Geigenstunde ihrer Kinder, die trotz der bitteren Armut eine gute Ausbildung bekommen sollten. Im Schlafzimmer allerdings gefror im Winter der Atem, sodass manchmal die Bettdecke an der Wand festklebte. Die Ernährung konnte nur gesichert werden, weil man

Für das Foto eine Minute Arbeitspause: Familie Schmid vor ihrem Haus Bach-/Ecke Lazarettstraße: Mutter Katharina, die Töchter Ruth und Maria und Vater Wilhelm. Die Renaissancedecke des typischen Weingärtnerhauses wurde beim Abriss gerettet und ins Stadtmuseum Kornhaus gebracht.

im Haus drei Geißen hielt. Täglich zog die Großmutter das Leiterwägele zum Hasenbühl, um Futter für die Tiere zu holen. Doch trotz Hunger und Not – geschlachtet hat man die Ziegen nicht, nur gemolken, denn „was man streichelt, wird nicht gegessen."

Einfache Speisen bestimmten die Speisefolge, wie sie der unnachahmliche Thaddäus Troll notiert hat: „Zum Frühstück Rahmsuppe oder geschmälzte Brotsuppe, oft aus alten Brotresten, manchmal auch geröstete Kartoffeln. Um neun Uhr gab es Brot und Most, im Sommer mit Rettich und Butter, im Winter mit Wurst oder Rauchfleisch. Um 12 Uhr aß man zu Mittag, auch dazu gab es immer Most. Der Speiseplan für die Woche blieb übersichtlich: weiße Bohnen oder Saubohnen mit Kartoffeln, saure Kartoffelrädle, Kartoffelsalat mit Pfannkuchen, Äbiraschnidz mit Spatza, Pfitzauf mit gedörrten Zwetschgen oder Birnen. Sonntagsessen: Kraut mit Kartoffeln in der Schale und Rauschfleisch. Salate machte man häufig mit saurem Milchwasser oder Krautwasser an. Abends aß man gestandene Milch gemeinsam aus einer Schüssel mit Brot, winters Suppe, Kartoffeln in der Schale oder Streichkäse aus geronnener Milch. Bei vielen Familien gab es keinen Brotbelag außer Salz. Rettich und Gsälz galten schon als Luxus. Brosamen auf dem Tisch oder gar auf dem Boden zu hinterlassen, war eine arge Sünde!"

Ebenso einfach wie das Essen war die Kleidung. Die Kinder trugen Holzklöpfer, Holzbrettchen, über die zwei Lederstücke zur Befestigung genagelt waren. Bequemer war's, wenn die „Sohle" durchgesägt und durch Leder verbunden war, dann konnte man wenigstens den Fuß abrollen. Und im Winter? Harte, meist zu große oder zu kleine, auf jeden Fall geerbte Lederstiefel. Die Straße war Spielplatz der Kinder, denn es drohte keinerlei Verkehr. Und schon die Kinder waren mit den ungeschriebenen Gesetzen des Quartiers vertraut. Wer mit wem umgeht, wo die Straßengrenzen waren, oder wer aus welchem Brunnen Wasser holte.

Der offene Ammerkanal in der Unterstadt: Ablauf für alle, wirklich alle Flüssigkeiten der Stadt …

Verschwendung musste unbedingt vermieden werden. Und wo Verschwendung aus der Sicht der Menschen anfangen konnte, zeigt folgende Geschichte: Als die Mädchen eines Tages auf einem Spielherd, den sie mit Esbit-Würfeln heizten („Erich Schumms Brennstoff in Tablettenform"), winzige Pfannküchle aus Mehl und Wasser brieten, reizte diese „Verschwendung" der Tante so sehr, dass sie meinte: „Die Kinder brauchen ja nichts" und sie sie darauf niemals mehr beschenkte. Die Tante und die Familie waren übrigens Ägypter – oder Igibter? Jedenfalls aus Pfäffingen. Und da drohte man schon gern mal: „I geb dir…" was sich für hochdeutsche Ohren dann wie „Ägypter" anhörte.

Päpstliche Beziehungen

Papst Benedikt – ein Ehemaliger der Universität Tübingen.

1966 bis 1969 lehrte am Lehrstuhl für katholische Dogmatik an der katholisch-theologischen Fakultät der Uni ein gewisser Joseph Ratzinger. Die 68er und späteren Jahre haben ihn schwer beunruhigt. Er verließ das Neckarstädtchen Richtung München, dann Rom. Als Kardinal stand er lange Zeit der Glaubenskongregation, der Nachfolgeorganisation der Inquisition, vor. Und einige Jahrzehnte später wurde er Papst Benedikt XVI. Zur selben Zeit war von einem anderen Katholiken überall die Rede. Der Theologe Hans Küng, damals im existenziellen Streit mit dem Vatikan, war Dekan der Fakultät, als Joseph Ratzinger zum Professor berufen wurde. Ketzerei wurde Küng vorgeworfen, nicht wegen Ratzinger, sondern weil er die Unfehlbarkeit der Institution Papst bezweifelte. Warum er gerade seinen ärgsten Gegner im Haus duldete, beantwortete er schlagfertig: „So baut man Elite."

Der König vom Österberg

Nach dem Ende des Zweiten Weltkrieges wurde Tübingen von den französischen Alliierten übernommen. Arbeitseinsätze und Verhaftungen, Demontagen von Fabriken und Maschinen, Presse- und Postzensur, Abhörung der Telefonate waren an der Tagesordnung. Ein Franzose aber legte besonderen Wert darauf, den Tübingern zu zeigen, wer hier das Sagen hat: der französische Gouverneur, der flugs den Spitznamen „Der König vom Österberg" erhielt. Dort hatte sich Oberst Guillaume Widmer im Verbindungshaus der Rhenanen seine Residenz mit Meublement aus Landesschlössern eingerichtet. Polizeibeamte mussten, so der Befehl, „die Straßen freimachen, wenn der Herr Gouverneur in seinem Wagen, dem gewöhnlich Motorradfahrer vorausfahren, durch die Stadt oder den Kreis fährt. Wenn der Herr Gouverneur zu Fuß geht, haben ihm die Passanten ehrerbietig Platz zu machen". Bisweilen beliebte er auch im Schönbuch zu jagen. Diesen fürstlichen Stil mit Kammerherr und Haushofmeister demonstrierte er bei Lustbarkeiten wie Bällen, Jagden, Reitturnieren.

Das überkommen und absolutistisch wirkende Gebaren des französischen Gouverneurs hatte aber auch sein Gutes: Als kultivierter Monsieur unterstützte er zahlreiche kulturelle Initiativen. Tübingen wurde mit Schauspielhaus, Rundfunk, Stadtbücherei, Volkshochschule und Kunsthalle ausgestattet und erreichte damit fast hauptstädtisches Flair. Im weiteren Verlauf normalisierte sich das Leben und alles fand „ein erstes Mal" statt: Theateraufführung,

Fußballspiel, Kunstausstellung, Öffnung der Schulen und der Universität, Konzert des Kammerorchesters, Landrätetagung, Motette.

Sofort nach Kriegsende, 1945, hatte die französische Militärverwaltung dem Juristen Carlo Schmid die Organisation des neugebildeten Landes Württemberg-Hohenzollern als Präsident des Staatssekretariats für die französisch besetzte Zone in Tübingen übertragen. Er wurde zur überragenden Persönlichkeit der Nachkriegszeit: 1946–1950 war er Landesvorsitzender der Sozialdemokratischen Partei (SPD) in Südwürttemberg und parallel dazu bis 1953 Professor für Öffentliches Recht in Tübingen. 1947–1950 avancierte er zum Stellvertretenden Staatspräsidenten und zum Justizminister von Württemberg-Hohenzollern. In dieser Funktion war er während der politischen Neugestaltung auch für Kultur, Kunst und Erziehung zuständig. Baden, Württemberg und Hohenzollern wurden anfänglich durch die unterschiedlichen Ansprüche der Amerikaner und der Franzosen getrennt. In Tübingen – nicht in Stuttgart – dann etablierte sich die erste deutsche Verwaltung für das französisch besetzte Gebiet Württemberg und Hohenzollern. Zwischen Nauklerstraße (Regierungssitz) und Schloss Bebenhausen (Tagungsort) begann ein reger Politverkehr. Es ging um nichts weniger als um die Zukunft.

In den Jahren 1948/1949 war Schmid maßgeblich an der Ausarbeitung des Grundgesetzes beteiligt und bis 1959 saß er der deutschen Gruppe im Parlamentarischen Rat der Europäischen Bewegung vor. Nach Jahren als Mitglied des Bundestages und spä-

Das französische Militär hatte das Sagen in der Stadt. Ihm ist eine erste Öffnung kultureller Institutionen zu verdanken. Da akzeptierte man gern eine gewisse Arroganz der Besatzer.

ter der Westeuropäischen Union in Paris übernahm er im Kabinett Kiesinger der Großen Koalition bis 1969 das Amt des Bundesministers für Angelegenheiten des Bundesrates und der Länder.

200 Gramm Brot am Tag

Die ersten Jahre nach dem Ende des Zweiten Weltkriegs waren geprägt von Hunger, Kälte und Not. Während im Krieg noch alles streng nach Regeln lief, lösten sich nach der Kapitulation die Gesetze für eine Zeit lang in Nichts auf. Jeder musste für sich ums Überleben kämpfen. Und dies galt für alle Bevölkerungsschichten. Knapp war alles: Lebensmittel, Kleidung, Brennmaterial. 200 Gramm Brot pro Tag, das war die Ration. Während wir uns heute bemühen, unter 2000 Kalorien zu bleiben, war damals das durchschnittliche Maß 1000 Kalorien pro Tag.

So nahm der alte Herr Gmelin, Herta Däubler-Gmelins Großvater, eine zerbeulte Milchkanne aus dem Küchenschrank, sagte „Ade“ und machte sich auf nach Wankheim. Von der Eugenstraße in der Südstadt aus war das ein strammer Spaziergang von etwa einer Stunde. Dort oben kannte er einen Bauern, der ihm wegen seiner Tuberkulose einen extra Liter Milch bereithielt. Von der Markenration der verschiedenen Kategorien Lebensmittelklasse I, II und III wurde die Familie nicht satt. Wer Freunde oder Verwandte auf dem Lande hatte, konnte ein bisschen hamstern.

Herbert Schorer erzählt, dass die Kinder nach der Ernte über die Getreidefeder gingen und die heruntergefallenen Ähren auflasen. „Wir hatten bald einen halben Zentner gesammelt, den Mutter schroten ging. Davon haben wir den ganzen Herbst gelebt. Und das mit den Zuckerrüben machten alle. Die wurden stundenlang eingekocht, bis es Sirup gab. Der war lecker. Den ausgekochten Rest trocknete Mutter dann noch

Armut zwang zu Bescheidenheit. Auch die Kinder litten Not und fanden dennoch ihre winzigen Oasen des Glücks.

auf einem Backblech. Davon durften wir naschen, aber eine große Versuchung war das nicht."

Alma Hämmerle, langjährige Vorsitzende des Stadt- und Kreisseniorenrates sowie Stadt- und Kreisrätin und heute Ehrenbürgerin der Stadt, berichtet, dass sie 1947 nach der Flucht aus Ostpreußen über ein Internierungslager in Kopenhagen in Hagelloch ankam. Sie konnte gar nicht genug über die Fülle an Obst staunen. „So viel wunderbare Äpfel am Wegesrand, wir futterten, was wir konnten und dann gab es den herrlichen Apfelsaft und andere Säfte und Sirup. Einfach köstlich."

Alma fand mit ihrer Mutter und ihren sechs Geschwistern in Hagelloch eine Bleibe und bekam auch bald eine Stelle beim evangelischen Hilfswerk in der Neckarhalde. Dort fiel immer etwas von den Spenden ab, was sie mit nach Hause nehmen durfte. Auf dem Dorf gab es keinen Bus, so musste sie die kilometerlange Strecke zu Fuß gehen. Ab und zu wurde sie von dem einzigen Auto weit und breit mitgenommen, dem Milchfahrzeug. Als sie dann endlich ein Fahrrad von den Amerikanern ergatterte, hatte das einen nicht festschraubbaren Lenker. „Da fuhr ich eben die gesamte Strecke hinunter freihändig. Der Rock flatterte im Wind und ich war glücklich.“ Als sich Alma Hämmerle dann später verliebte und ihre zukünftige Schwiegermutter kennenlernte, erzählte die wiederum aus ihrer Kindheit in der Tübinger Unterstadt. Sie war als Waisenkind in Pflege gegeben worden, und wenn die Leute von der Kontrollbehörde (was wir heute wohl Sozialamt nennen würden) kamen, musste sie ihnen mit einem gut bestrichenen Marmeladenbrot entgegengehen: „Seht, wir werden gut ernährt“, sollte das bedeuten. Einmal war nicht einmal Marmelade da und auf die Brote wurde rotes Viehsalz gestreut.

Die Nachkriegswinter waren besonders schlimm. Die Dorfkinder hatten nicht einmal rechte Schuhe. Sie liefen in Holzpantinen, ausgestopft mit Stroh, die Füße mit Lappen umwickelt. „Das war ganz gemütlich“, berichtet Herbert Schorer, der sich auch erinnert, dass sie als Kinder in den Schulbänken unruhig hin- und herrutschten, weil die Unterwäsche aus Wolle so kratzte. Da die Unterhosen kein Gummiband hatten, mussten sie an das Leibchen geknüpft werden. Daran waren auch die langen Strümpfe befestigt. Sommerliche Badefreude wurden durch ähnliche Qualen getrübt: die Badehosen – von Mutter oder Großmutter gestrickte Wollungetüme – wickelten sich als dicke Ballen um Po und Beine und wollten einfach nicht trocknen.

Seifenblasen gegen die Schwermut

In Deutschland herrschten 1948 nach dem Krieg Hunger, Not und Schwermut. Und plötzlich schweben bunte Seifenblasen durch die Luft. Zauber? Nein. Aber so etwas Ähnliches. In einem kleinen Nebenraum seines Hauses experimentierte Dr. Rolf Hein mit Waschmitteln, die er den Bauern im Umland von Tübingen zum Tausch gegen Lebensmittel anbieten wollte. Als sich dann üppiger Schaum auf der Lauge bildete, war das nicht nur ein Zeichen für Waschkraft, sondern das Kind im Mann sah hinter der chemischen Errungenschaft ein wunderbares Spielzeug schillern. Dr. Hein hatte eine Flüssigkeit entdeckt, die sich hervorragend für das Herstellen von Seifenblasen eignete. An der Faszination für die bunten fragilen Blasen wollte Dr. Hein alle Kinder teilhaben lassen. Dabei verfolgt er von Anfang an den Plan, ein Spiel zu schaffen, mit dem ohne große Vorbereitung fix und fertige Seifenblasen gepustet werden können.

Ein paar Jahre später, als das Wirtschaftswunder begann, gründete er eine Spielwaren-Fertigung. Die kleine Firma ist an ihrem Standort in Kilchberg geblieben, von wo aus Millionen Fläschchen Pustefix mit dem beliebten gelben Teddybären als Symbol in alle Welt gehen und dort Kinder erfreuen.

Zauber aus der Seifenlauge: Wie Großvater Dr. Rolf Hein Pustefix erfand.

Der „Kümmerer“

Nun, wer von euch begleitet mich heute durch die Stadt?“, so fragte der Vater am sonntäglichen Frühstückstisch seine vier Kinder und wusste, Herta würde mitkommen. Die beiden machten sich auf, die Kleine zwölf/dreizehn, der Vater der Oberbürgermeister der Stadt, Hans Gmelin. Und so begutachteten sie die städtischen Bauvorhaben. Wo wurde eine Straße aufgerissen? Wie ist der Stand der Dinge auf der Baustelle des Technischen Rathauses, wie läuft es mit dem Umbau des Rathauses? „Gasmuffen und Baugruben, die kenne ich von diesen Gängen“, erzählt Prof. Dr. Herta Däubler-Gmelin aus ihren Kindertagen. Die SPD-Politikerin und u. a. Justizministerin a. D. weiß, wie bedeutsam die Aufmerksamkeit des Vaters und diese Kontakte mit den Menschen der Stadt waren. Er war ein Kümmerer, ein Macher, der wissen wollte: „Was tut sich im Flecken?“

Hans Gmelin, geboren 1911 in Tübingen, war Jurist und während des Dritten Reiches als deutscher Gesandtschaftsrat in Pressburg tätig. Zuerst in amerikanischer, dann in französischer Gefangenschaft, kam er mit seiner SA-Vergangenheit ins Reine und entschied sich dafür, den demokratischen und rechtsstaatlichen Neuanfang in Westdeutschland mitzugestalten. Die Tübinger jedenfalls wählten ihn und wählten ihn erneut. 20 Jahre stand er dem Gemeinderat vor. Und in dieser Zeit, von 1954 bis 1974, hat er ganz entscheidend das Bild der Stadt geprägt.

Der Tochter fallen wichtige Stationen der Amtszeit des Vaters ein, der als eingeschworener Tübinger mit

Oberbürgermeister Hans Gmelin hatte ein großes Herz – genauso wie Tante Emilie: Zwei Tübinger Charakterköpfe der Nachkriegszeit.

„unverwüstlicher Kuttel" und großer Kreativität galt. Erneuerungen in großem Stil nach einer Zeit politischer Düsternis und sozialer Armut waren erforderlich. Zu den Meilensteinen seiner Amtszeit zählen u. a. seine Mitwirkung an der Gründung der Deutsch-französischen Gesellschaft im Jahr 1961 gemeinsam mit dem damaligen Kommandeur der französischen Garnison in Tübingen, General André Gribius. Dann 1965 der Europapreis. Tübingen war damit die erste Stadt in Baden-Württemberg und die dritte in Deutschland, die diese besondere Auszeichnung des Europarats erhielt, der damit die Universitätsstadt für ihre Bemühungen zur Förderung des europäischen Gedankens würdigte. Vor allem wurde das deutsch-französische Verhältnis hervorgehoben.

Während der schweren Nachkriegsjahre gelang es Gmelin, die gesamte Infrastruktur und Grundversorgung der Stadt zu stabilisieren. Und Gmelin gab den Start zur Altstadtsanierung. In seine Amtszeit fällt der Beginn des ganz Tübingen umfassenden Stadtentwicklungskonzeptes, u.a. Waldhäuser Ost, Neue Mensa, Wanne, Morgenstelle, Schnarrenberg, Fußgängertunnel, Feuerhägle, Hasenbühl, Gewerbegebiete, Umgehungsstraße. Auch die Erschließung und der Beginn der Bebauung der Gebiete Wanne, Morgenstelle, Herbstenhof für neue Uni-Kliniken und Institute und ein Stadtviertel Nord mit Kunsthalle wurden zu Gmelins Zeit als OB begonnen.

Die „Offene Jugendarbeit“ lag Gmelin besonders am Herzen. Dazu als Beispiel diese Situation. 25. Juni 1972 – Früher Abend. Die Gruppe „Ton, Steine, Scherben“ hatte den Jugendlichen in ihrem Konzert eingeheizt und bekanntermaßen war die Protesthaltung Ende der 60er, Anfang der 70er Jahre stark ausgeprägt. Die jungen Leute forderten ein Jugendzentrum, und dafür brauchten sie ein Haus. Sie nahmen das abbruchreife Haus in der Karlstraße 13 in Besitz und es füllte sich sogleich mit Jugendlichen. Die Räume wurden auf ihre Verwendbarkeit hin geprüft. Man holte Schlafsäcke. Eine permanente Diskussion begann. Irgendwann war die Nacht vorbei. Auch das Schwabenhaus in der Gartenstraße wurde avisiert. Am nächsten Morgen wurden die „lieben Tübinger“ durch ein Flugblatt über die spontane Aktion informiert. Tumult unter den Jugendlichen im Gemeinderat, im Kreistag, OB Gmelin war nicht da. Die Forderungen der Jugendlichen:

1. Bis zum Abbruch soll das Haus von der Stadt für das Jugendzentrum angemietet werden.

2. Das Schwabenhaus soll renoviert und für die Übergangszeit Ersatz gesucht werden.

Kreistagsmitglieder rangen sich die Aussage ab: die Aktion sei „rechtswidrig, aber berechtigt". Gmelin legte ein Kompromissangebot vor, in dem er sich dafür einsetzte, das Haus für das Jugendzentrum bis zum Abbruch anzumieten. Auf der Trasse des künftigen Schlossbergtunnels, im Schleifmühleweg, sollte später ein Gebäude für die Jugend zur Verfügung gestellt werden. Der Tübinger Frieden war wieder gerettet.

Hans Gmelin übergab 1974 das Amt an seinen Nachfolger Dr. Eugen Schmid. Geboren 1932, gehörte er der jüngeren Generation an und setzte sich u. a. gegen den sogenannten Remstalrebellen Helmut Palmer durch, dessen Sohn dann 2007 neuer Oberbürgermeister wurde (s. letztes Kapitel).

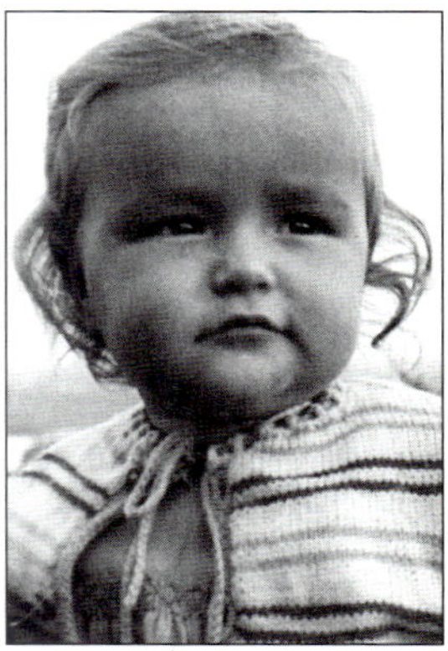

Mutter Helge Gmelin hat das Jäckchen selbst gestrickt, das das 14 Monate alte Töchterchen Herta, geb. 1943, trägt. Dies ist eines der wenigen Kinderfotos der großen SPD-Politikerin, denn „damals gab es Wichtigeres als fotografieren", so die heute 92-jährige Mutter. Nach dem Abitur in Tübingen absolvierte Herta Gmelin ein Studium in Geschichte, Jura, Politikwissenschaften und promovierte 1975. Seit 1969 ist sie mit dem Universitätsprofessor Wolfgang Däubler verheiratet und hat zwei Kinder.

Wo rote Rüben flogen

Diese alte Marktfrau, die ist doch ein richtig gutes Fotomotiv. Rathaus und Brunnen als Hintergrund." „Klick!" machte es und schon flog eine rote Rübe haarscharf an ihm vorbei, dem Touristen aus Hamburg. Da duckte er sich aber und verschwand dann ganz schnell. Denn neben der Beuge Rote Rüben lagen wunderbare Kürbisse. Von denen wollte er nicht auch noch etwas abbekommen. Das fotogene Objekt rief ihm noch Unverständliches hinterher von wegen „rei'gschmeckt" und „saublöd" und „Rindsvieh".

Das war an einem Montag oder Mittwoch oder Freitag in den 50er Jahren, einem der Markttage jedenfalls, an denen vor dem Rathaus Wengerterfrauen, Gärtner und Händler ihre Kisten, Bretter und kleinen Handwägele aufbauten, die Auswärtigen sogar mit Lastwagen kamen und Hühner, Eier oder – wie z.B.

Marktfrau Waiblinger hatte auf ihrem Stand vor dem Kaufhaus Euler Kirschen, Birnen und Gaishirtle zu verkaufen.

die Wankheimer –, ihre Spezialität, frische Rettiche, anboten. Die Wankheimer Frauen trugen ihre langen, schwarzen, gefälteten Röcke, meist drei übereinander, Schürzen, Blusen und Mieder. Die Haare waren mit einem Bändchen in magere Zöpfen geflochten, manche hatten sie in kleinen Knoten im Nacken zusammengeknüdelt und mit langen Nadeln festgesteckt. Und über Jahrzehnte änderte sich nichts an diesem Bild.

Autos hatten an diesen Tagen hier nichts zu suchen. Nur die gelbe Postkutsche auf ihren hohen Rädern durfte auf den Marktplatz. Der Hund vom Lamm spitzte die Ohren. Der Wirt hängte ihm einen Korb mit altem Brot in die Schnauze und schickte ihn nach draußen. Er hatte längst die Tritte vom Postgaul Prinz erkannt und brachte ihm etwas zum Nagen. Bis zum Ersten Weltkrieg hatte es wohl mehr als 300 Zugpferde und fast 100 Reitpferde im Fritzschen Privatstall in der Nähe der Universität gegeben. Die

Begegnung zweier Welten: Automobil und Postkutsche. Die allerdings musste bald weichen.

Kutscherfamilien Aichele, Deyle, Dill, Hepper, Hipp, Kehrer, Kittel und Koch verkörperten Tradition und Studentenromantik, denn ohne sie wären Spuz-, Besuchs- und Mensurfahrten undenkbar gewesen.

Häfele, Schweine, Kühe – auf den Märkten spielte sich der Alltag ab.

Rose Schaals Einkaufzettel war lang. Sie hat notiert: 1 Schürze bunt, Hosenträger für Karle, Gürtel für Wolfgang, Topfkratzer, Scheuerbürste, Milchhäfele, Geschirrtücher. Zum Georgimarkt im Frühjahr kam sie von Hagelloch runter und deckte sich für den Haushalt ein. 200 Händler waren gekommen. Hier fand man fast alles für den Haushalt: Schürzen, Westen, Arbeitsjacken, Unterwäsche, Geschirr, Besteck. Man kaufte Gürtel, Nähzeug und Hosenträger beim Hosenträger-Jakob, Hausschuhe und vielleicht sogar mal etwas Süßes. Wer Töpfe und Schüsseln suchte, ging rüber zum Häfelesmarkt am Uhlanddenkmal. Und wenn man schon mal in der Stadt war, dann schaute man beim Viehmarkt auf dem Kelternplatz vorbei. Hier hatten die Väter noch ihr Vieh eingekauft, doch bald war das fast passé. Im April 1955 wurde nur noch ein Stück Großvieh angeboten, bei der Jakobuskirche waren es immerhin 150 Ferkel, und das Paar kostete 120 bis 135 DM. Der Handel allerdings verlief schleppend, meldete anderntags die Zeitung. Auf den Dörfern wurden immer mehr Geschäfte eröffnet, sodass man sich den Weg in die Stadt sparen konnte. Und mit den ersten Treckern wurden die Bauern unabhängiger und konnten ihr Vieh untereinander kaufen und verkaufen, ohne einen Markt zu benötigen.

Tückische Fahrstunde

50er Jahre. Ingeborg Helle hatte Fahrstunde. Mitte der 60er Jahre. Waltraut Dittrich hatte Fahrstunde. Sie saßen beide jeweils mit ihrem Fahrlehrer in einem Käfer, als er seine Anweisungen gab: „Nun nehmen Sie nach der Brücke die erste Straße links, dann geht es hinauf bis zum Marktplatz. Den Weg kennen Sie ja. So ist's recht, zweiter Gang, und weiter. Nun wollen wir hoch zur Neckarhalde durchs Wienergässle. Da müssen Sie schon die Handbremse benutzen. Na sehen Sie, schon geschafft. Zum Schloss fahren wir nicht, sondern jetzt über das Faule Eck am Neckar entlang wieder raus aus der Innenstadt. Geht doch schon ganz gut, gell!"

Aber die allererste Tübingerin mit Führerschein war Elisabeth Laupp gewesen. Für ihre Prüfung 1922 war extra aus Stuttgart der Prüfer gekommen. Mit ihrem Hansa fuhr das „Frauenzimmer" durch die Stadt und über Land und wurde eines Tages sogar von einem Büttel angezeigt, der nicht fassen konnte, dass eine Frau am Steuer saß.

Von Ochsenkarren und beschenkten Schupos

Eines Tages wurde auf der Kreuzung am Tübinger Tor ein Türmle aufgestellt. Darauf stellte sich der Schupo und regelte von Stund an – Arme ausgebreitet, Arme hochgestellt – den Verkehr. Endlich! fanden viele und waren so dankbar, dass sie dem Schupo in der Adventszeit Päckle hinstellten. Als an einem Tag brutales Glatteis war und der Poschtler mit seinem Fahrrädle vorbeikam, rutsche der aus. Die Briefe flatterten nur so durch den Schnee und den Matsch. „Geiht's no mehr so Dackel bei der Poscht?", rief der Schupo. „Noi", stöhnte der Briefträger mit einer Atemwolke vor dem Mund und schmerzverzerrt. „I bin der letzschde, alle andern sind bei der Polizei."

Während man andernorts übers Wetter, die Obstpreise auf dem Markt oder den Gemeinderat schwätzt, ist in Tübingen der Verkehr ein Dauerthema. Damals wie heute ist er mal zu groß, mal zu gering – sein Dasein an sich stets irgendwie ein Ärgernis. Faktisch bereitet die Lage zwischen Berg und Fluss Stadtplanern Probleme. Und so ist es gewachsen, erweitert, durchschnitten, vergrößert, abgesperrt und begradigt worden. Die natürlichen Gegebenheiten haben dem Fortschritt im wahrsten Sinne des Wortes im Wege gestanden.

In den 30er Jahren rumpelten noch gemütlich die Ochsengespanne und Handwagen durch die Gassen, sprangen die Kinder die Stäffele rauf und runter, schlurften die Alten über Kopfsteinpflaster. Man bedenke, die Mühlstraße war erst Ende des 19. Jahr-

Der Bauer mit seinen Ochsen auf der Kreuzung ist Sinnbild für den Übergang einer Zeit in eine andere. Die Moderne war in Tübingen eingezogen.

hunderts der Stadtmauer entlang in den Berg gebrochen worden. Der Zugang zur Stadt war die Neckargasse. Richtung Tübinger Tor hatte sich dann die Straße zu einer verkehrsreichen Schneise entwickelt. Insgesamt nahm der Straßenverkehr solche Formen an, dass man ihn regeln musste. Am 7. Mai 1939 wurden im Deutschen Reich feste Geschwindigkeitsbegrenzungen eingeführt. Der motorisierte Verkehr gewann an Kraft wie ein Drachen, der sich immer weiter vorwärtsrobbt. In den Altstadtgassen rollten bis Anfang der 70er Jahre die Autos bis auf den Marktplatz. Und gleichzeitig fuhr die Post noch ihre Briefe und Pakete mit der Kutsche aus. In Tübingen entstand parallel zu anderen Städten eine der ersten Fußgängerzonen in Deutschland. Diese Gleichzeitigkeit von „Vorgestern“ und Moderne beschäftigt bis zum heutigen Tag die Bürger und ihren Meister.

Alles Selbstbedienung

21. Juni 1948: Die Reichsmark hatte ausgedient, die Deutsche Mark hielt Einzug in die Geldbörsen. Jeder Person wurde ein Kopfgeld von 40 DM und einen Monat später 20 DM bar ausgezahlt. Löhne und Mieten rechnete man 1:1 um. Der Startschuss für das Wirtschaftswunder. In Tübingen machte es allerdings nur kurz Halt, um nach Reutlingen oder Stuttgart weiterzurauschen. Aber es wurden einige neue Firmen gegründet wie 1948 Pustefix oder 1955 Elektro Kürner und Weinhaus Schmid. Man zeigte Fortschrittsdenken. Holzöfen hatten vielerorts ausgedient, man wollte komfortabel heizen. Auch das Interieur durfte nun ein bisschen herausgeputzt werden. Der Raumausstatter polsterte und hängte neue Gardinen auf. Der Weinhandel in Tübingen florierte und die Läden nahmen zu. Im Adressbuch von 1954 findet man fast 70 Bäckereien, 16 Buchhandlungen und elf Cafés aufgezählt.

Was einst Kolonialwarenhandlung war, wurde nun zum Konsum. Von Selbstbedienung fühlten sich anfangs viele Leute abgestoßen, ging doch das Schwätzle am Ladentisch ganz verloren.

Die Tübinger Firma Zanker hielt mit im Strom der Moderne, die Hausfrauen Erleichterung versprach.

Mit dem Korb überm Arm, mit dem Handwägele, mit dem Einkaufsnetz gingen die Leute auf den Markt oder zum Kolonialwarenhändler. Frau Schmid traf Frau Luz und Frau Trautmann und sie ließen sich von niemand die Zeit für ein Schwätzle nehmen. Von Niemand? Von SB schon. Ja, Selbstbedienungsläden, die für uns heute selbstverständlich sind. Tante Emma hinterm Ladentisch verschwand, und die Hausfrauen schoben eiserne Wagen durch unübersichtliche Gänge, vorbei an Tausenden von bunten Verpackungen, standen an der Kasse an und hatten auf einmal kaum mehr Zeit. In Reutlingen gingen die Leute ins Kaufhaus Merkur zum Shoppen. In Tübingen kaufte man im Kaufhaus Euler am Markt ein. Trotzig verharrten manche im alten Stil, z.B. Frau Kurz in der Ulrichstraße in der Südstadt. Die frische Milch wurde noch in die Kanne gepumpt und Obst und Gemüse in die Tüte gewogen. Auch Schuster Böhnisch in der Christophstraße blieb unabhängig von Franchisesystemen und Ketten.

Mit Karacho durch die Kurven

Tübingen ausschließlich eine Akademikerstadt? Weit gefehlt. Hier ist Sportsgeist angesagt. 50 000 Zuschauer säumten die Straße, hitzige Spannung lag in der Luft, als die Flitzer um die Kurven rasten. Motorräder, Sport- und Rennwagen lieferten sich beim 1. Stadtring-Rennen am 25./26. Juni 1949 einen aufregenden Wettkampf auf der 10 km langen Rennstrecke zwischen Reutlinger, Hechinger und Stuttgarter Straße. Unterschiedliche Anzahlen von Runden waren zu fahren, und die Boliden waren nicht weniger rasant als die in Zantvoort oder Silverstone oder auf der Avus.

Fast so wie am Nürburgring: Das Tübinger Stadtringrennen 1949 war eine Sensation!

Dieser Rennschlitten, ein Veritas RS (Baujahr 49–50), war eine der Sensationen auf dem Ring. Rainer Klink, Geschäftsführer des Boxenstop Auto- und Spielzeugmuseums, erklärt: „Dieser Wagen ist heutzutage sehr teuer, er hat einen Wert von rund 600 000 Euro."

Unter der Ehrenpräsidentschaft des Gouverneurs Widmer und des Staatspräsidenten Dr. G. Müller organisierte der Auto- und Motorradsport-Club Württemberg-Hohenzollern dieses Rennen. Auf der Liste der Rennräder standen Markennamen wie DKW, Puch, Union, NSU, Triumh, Horex, Benelli, Norton, AJS, Motosacoche, Rudge, BMW und Marke Eigenbau. Folgende Sportwagenmarken standen am Start: Veritas, BMW, NSU, Bugatti. Sieger wurde der spätere Grand-Prix-Pilot und Silberpfeil-Held Karl Kling auf einem Veritas RS. Die Trophäen der Geschwindigkeit ließen die Herzen höher schlagen.

Im Hanseatic der späten 60er Jahre

Man trank nicht nur Kaffee, sondern diskutierte – tübingenkonform – über den Sinn des Lebens – woher kommen wir, wohin gehen wir? – man beschäftigte sich mit dem Existenzialismus und hatte den Mythos von Sisyphos gelesen, man setzte sich über Freud'sche Psychoanalyse – „Über-Ich – Ich – Es“ – auseinander, um sich dann den religiösen Themen zu widmen. Das Hanseatic in der Hafengasse. Klaus Langer stand mit Helga Seybold, beide 5. Semester Biologie, am Fenstertisch, Helga Neumann und Renate Koch, 7. Semester im selben Fach, gesellten sich dazu. Das Ambiente mit Resopaltischen und Linoleumfußboden entsprach ganz der Mode: Jesus-Latschen, ungewaschene Jeans im Tübinger grünen Politstil, Frauen in Pumphosen. Die Gespräche, die großen Gedanken gingen weiter. „Das ewige Werden – hat dieses ewige Werden nie ein Ende? Was sind die Triebfedern dieses großen Uhrwerks? Von Stunde zu Stunde rückt der Zeiger weiter, um nach zwölf seinen Gang von Neuem anzufangen, eine neue Weltperiode bricht an“, oder „es muss noch höhere Prinzipien geben, vor denen alles einem ungeheueren Ozean zuströmt, wo sich alle Entwicklungshebel der Welt wiederfinden, vereint, verschmolzen, all-eins“ – oder „es stehen noch große Umwälzungen bevor, wenn die Menge erst begriffen hat, dass das ganze Christentum sich auf Annahmen begründet“ – so angelehnt an Nietzsches Lebensentwurf.

Der eine fuhr Isetta, die andere Fahrrad, Dreiecks- und Überkreuzbeziehungen wurden eindeutig den konventionellen Zweierbeziehungen vorgezogen und man grinste über „Wer zweimal mit der-/demselben pennt, gehört doch zum Establishment."

Kneipen zum Rumhocken, in denen man über die Veränderung der Welt streiten konnte, gab es in Tübingen wahrlich genug. Von 1956 ist die Zahl von 16 Gast- und 61 Schankwirtschaften bekannt. Zehn Jahre später wird's nicht viel anders gewesen sein. Und auf den Buden ging's auch rund. Die Vermieter regten sich über stampfende Beats und andere rhythmische Geräusche auf.

Der eine oder die andere der Studenten konnte sich schon einen Wagen leisten und parkte dann gern vor der Neuen Aula.

Studentenrevolte: Heißer März – heißer Sommer

Große Erregung" titelte das Schwäbische Tagblatt am 5. Juni 1967. „Berliner Polizist tötete Benno Ohnesorg/Tumulte um Schah-Besuch/‚Geduld zu Ende'". Gegen den persischen Kaiser und seine Frau Farah hatten in Berlin Hunderte von Studenten demonstriert. Der tödliche Schuss des Polizisten auf den 26 Jahre alten Benno Ohnesorg war wie ein Startschuss für eine neue politische Bewegung. Der Konflikt zwischen Studenten und Gesellschaft hatte den Bereich der Gewaltlosigkeit überschritten. An Hauswänden und in Flugblättern hieß es: „Mord".

Tübinger Studenten organisierten ein teach-in vor der Neuen Aula, um über die Vorfälle in Berlin zu informieren, dann bezogen sie Ehrenwache vor ihrer Universität und demonstrierten gegen die aufgewühlten und aufwühlenden Ereignisse. Der ASTA-Vorsitzende Rüdiger Höhne legte im Schlosshof einen Kranz für den toten Kommilitonen nieder. An einem Schweigemarsch nahmen unter anderen Professoren auch Ernst und Carola Bloch, Walter Jens, Günter Dürig und Paul Pulewka teil. 19 Professoren, fast ausschließlich Juristen, unterzeichneten den Aufruf der „6 Freisinnigen", Studenten, die sich gegen „eine politische Ausnutzung des Faktums" wehrten.

Die politisch und kulturell verschlafene Oase Tübingen war auf einmal ein Ort geworden, in dem „halbstarke Wirrköpfe", „Krawallmacher", „von Moskau ferngelenkte Idioten" und „Randalierer"

Hans Karl Filbinger (1913–2007) war von 1966–1978 Ministerpräsident in Baden-Württemberg.
Als 1978 bekannt wurde, dass er als Ankläger und Richter 1945 bei der Kriegsmarine Todesurteile gegen Deserteure beantragt und gefällt hatte und dies leugnete, musste er als „furchtbarer Jurist" auf öffentlichen Druck hin zurücktreten.

hausten. Die Bürger hielten mit ihrer Meinung über die ganz ungewohnte Haltung „ihrer" Studenten nicht hinterm Berg.

Kapitalismus, Atomwaffen, Vietnamkrieg, Imperialismus, die politische Kraft der Springerpresse, Ordinarienbetrieb an den Unis, mangelndes Mitbestimmungsrecht, das Machtgefüge des Schah von Persien, Notstandsgesetze... Ziele und Gründe für Protest gab es genug. Und nachdem in Paris die Studenten auf die Straßen gegangen waren, waren auch die deutschen nicht mehr zu halten. In Aktionen, Sit-ins, Hearings und Go-ins riefen die studentischen Hochschulgruppen zum Protest auf. Auch in Tübingen warnten sie im März vor einem „heißen Sommer". SDS, SL, HSU waren Kürzel für Sozialistischer Deutscher Studentenbund, Studentische Linke und Humanistische Studentenunion, die dem geplanten Hochschulgesetz den Kampf ansagten.

Die „Agitationsbasis" in ganz Deutschland sollte nicht innerhalb des Campus bleiben und dort „administrative Zentren" lahmlegen, sondern die gesamte Gesellschaft mit einbeziehen. Auf Flugblättern wollten Studenten den Arbeitern mitteilen, dass sie nicht zu den Ausbeutern von morgen gehören wollten. Die sich daraus entwickelnde APO, die außerparlamentarische Opposition, wurde eine feste politische Größe dieser Jahre.

Der baden-württembergische Landespolizeipräsident Dr. Karl Heuer rüstete im März 1968 auf: Notfalls würden auch Wasserwerfer gegen Demonstranten eingesetzt werden. An den Stammtischen formierten sich die Bürgerlichen, um über die Gammler und Spinner herzuziehen. Fronten taten sich auf, über die hinweg es kein Verstehen mehr gab.

Als dann Ministerpräsident Hans Filbinger im Fernsehen das Folgende sagte, sprach er vielen empörten Tübingern aus der Seele: „In den Aktionen radikaler Studenten, die die Öffentlichkeit beunruhigen, zeigt sich keineswegs fortschrittliche Gesinnung, sondern ein erschreckender Rückfall in faschistische Methoden. (...) Die Radikalen geben vor, ihr Angriff gelte dem Establishment, in Wahrheit aber ist ihr Ziel Zerstörung unserer freiheitlichen Staatsordnung. Dieses Ziel werden sie nicht erreichen. Die Regierung warnt die revolutionären Rechtsbrecher: Wer mit Gewalt und wer mit Terror Politik zu machen versucht, wird scheitern. Wir sind entschlossen, jeden Versuch, den freiheitlichen Rechtsstaat zu zerstören, im Kern und im Keim zunichte zu machen. (...) Unseren jungen Mitbürgern gebe ich den Rat: Lasst euch nicht von radikalen Agitatoren, die sich Studenten nennen, in Wirklichkeit aber Berufsrevolutionäre sind, zu Aktionen missbrauchen, deren Folgen euer ganzes Leben belasten kann. Unseren Bürgern sage ich: Bleibt besonnen wie bisher und habt Vertrauen in diesen Staat, der eure demokratische Freiheit, auch die Zukunft, sichern wird.“ Professor Ernst Bloch zitierte in jenen Tagen in einem Interview Lenin: „Wer nichts tut, macht keinen Fehler“, und wies auf die Unverhältnismäßigkeiten hin: „Was ist schon ein Ei oder eine Tomate gegen einen Pistolenschuss?“.

Atomwaffen war eines der Themen, die Bürger, Studenten und Professoren gleichermaßen auf die Straßen trieben.

Waldhausen: Winziger Weiler im Wandel

Man darf sich die Einwohner von Waldhausen gern wie die Gallier im weit entfernten Dorf der römischen Provinz vorstellen. Klein aber unabhängig. „Acker, Wiesen, Krautländer, Gras- und Bauerngärten, Weiden und Weinberge“ – so steht es im Gebäude- und Güterbuch – prägten den Charakter von Waldhausen, mit 238 Einwohnern das kleinste Dorf im Oberamt Tübingen bis zum Ende des 19. Jahrhunderts. Als den Bauern dann 1901 ein großer Exerzierplatz vor die Nase gebaut wurde, schrumpfte die ohnehin winzige Fläche um weitere 25 ha südlich des Dorfes, von der heutigen Tankstelle hinunter bis zum Heizwerk bis hinüber zu den Römergräbern. Zwar wurden die Waldhäuser nicht tät-

Weit und breit nichts weiter als Felder, Wald und Wiesen: der Weiler Waldhausen in seiner ursprünglichen Beschaulichkeit bis ...

lich angegriffen, aber Versprechungen zur Rückgabe dieser Fläche auch nie eingelöst. Zahlen aus den Annalen wirken einfach rührend: 1933 gab es zehn Pferde, 75 Stück Jungvieh und Kälber, 36 Kühe, vier Farren, Stiere, Ochsen, 31 Schweine und 536 Stück Federvieh.

Und einer monströsen Krake gleich, wurden peu à peu mithilfe gigantischer Baummaschinen urbane Giganten errichtet. Bis zu 20 Stockwerke hoch wuchsen sie in den Himmel und Jahr für Jahr für Jahr strömten Einwohner und immer wieder neue Einwohner in das vormals verschlafene Nest. 5000 für die „Wanne“, 10 000 für Waldhäuser-Ost sollten es werden. Der Weiler wurde zum anachronistischen Anhängsel einer modernen Skyline, die sich für Tübingen nie hätte jemand vorstellen können. Die Zukunft war da.

... die Bagger und Kräne anrückten und neue Stadtteile aus dem Boden gestampft wurden: Wanne und WHO.

Georg Holzwarth dichtete dazu:

Waldhäuser-Ost

En Babel
Do hot mir
Mit so äbbes
schlechte Erfahronga gemacht

En Dibenga
Leßt mrs
druff akomma

Geblieben aber ist das alte Waldhausen als reizvolles Ausflugsziel. Und der kleine Stadtteil hält bis heute die Stellung mit Hofläden und feiner Gastronomie.

Verliebt, verlobt, verheiratet

Lasst uns nach Entringen zum Tanzen fahren!“, riefen sich die Mädchen einander zu. Alma und die anderen machten sich fein, lockten sich die Haare, zogen die Augenbrauen nach, die eine oder andere hatte schon Nagellack organisiert. So wollten sie was erleben am Wochenende. Mit einem klapprigen VW ging's raus aus Tübingen. Die jungen Männer trugen Knickerbocker, hatten kurz geschnittene Haare, ihre Erfahrungen waren die älterer Männer, doch ihre Gesichter die von Jungen, deren Leben gerade beginnen sollte jetzt nach Ende des Zweiten Weltkrieges. Man poussierte, man tanzte, man trank Most. Endlich war das Leben unbeschwert. Eine wunderbare Zukunft lag vor ihnen. Verliebte machten Radtouren durch das Goldersbachtal, wanderten auf dem Spitz-

Unbefangen und zukunftsfroh: Die Jugend amüsiert sich auf einem Spuz. Hier Alma Dominik mit ihrem späteren Mann Horst Hämmerle.

berg, trafen sich im Schwärzlocher Hof oder saßen zu Hause auf dem Sofa und tranken Kaffee.

Der erste Kuss und die Sehnsucht nach mehr. In Tübingen undenkbar. Alma und ihr Liebster planten also eine Reise in den Schwarzwald. Sie meldeten sich an der Rezeption an und machten sich auf zu einem Spaziergang. Bei der Rückkehr staunten sie nicht schlecht: Da stand schon die Polizei im Hotel und wollte kontrollieren, wie die jungen Leute ihr Wochenende zu verbringen gedachten. Nur gut, dass sie, obwohl verlobt, zwei Einzelzimmer gebucht hat-

Die Hochzeit auf Schloss Hohenzollern war ein Höhepunkt in der schweren Zeit nach 1945. Niemand kümmerte sich darum, dass Kleid und Anzug geliehen und das Essen vorgekocht waren.

ten. Nicht Verheirateten war nämlich unter Strafe das Schlafen in einem gemeinsamen Zimmer verboten (der sogenannten Kuppelparagraf wurde erst 1970 abgeschafft).

Bald wurde die Hochzeit geplant. Doch wo und wie feiern? Das Evangelische Hilfswerk hatte die Burg Hohenzollern angemietet, um ehemaligen Soldaten, d. h. Spätheimkehrern aus russischer Gefangenschaft, ein paar schöne Wochen zu Erholung zu bieten. Das wäre doch ein schöner Ort, die Hochzeit von Alma und Horst zu feiern, meinten die Mitarbeiter der Dienststelle und wollten gern dabei sein. Im September 1949 wurde eine Bus geordert, der die Hochzeitsgesellschaft nach Hechingen brachte. Mutter hatte Hasenbraten beim Bäcker Schlotterbeck vorbereiten lassen und in die Kachel gestellt. Die brauchte im Schloss nur noch aufgewärmt zu werden. Das Brautpaar in geliehenem Kleid und geliehenem Anzug war stolz darauf, dass Professor Faber persönlich die Trauung vorgenommen hatte. Das großartige Fest, das auf einem Foto festgehalten wurde, ist allen in Erinnerung geblieben.

Als die Wochenschau verloren ging

Der Kurier auf der Vespa düste ins Gloria. Er hatte nur wenige Minuten Zeit, bis sich dort der Vorhang hob und die Wochenschau begann. Die aber hatte er im Gepäck, gerade eingepackt nach der Vorführung im Museum. Für den Rückweg würde dann ein bisschen mehr Zeit sein, denn die zweite Vorstellung würde erst in zwei Stunden beginnen. Doch er fuhr zügig. Wollte seinen Auftrag rasch erledigen, wollte die Filmkassette aus dem Gepäckträger nehmen, wollte sie dem Vorführer bringen. Dann der Riesenschreck. Nichts ist da. Gar nichts. Nun aber rasch umgedreht, wo könnte er sie verloren haben? Vor der Mensa schließlich fuhr er dann über einige hundert Meter aktuelle Nachrichten. Das Paket mit der Filmspule war heruntergefallen und der Film hatte sich selbstständig gemacht.

Mit dem Metropol hatte 1908 in Tübingen das Kinoleben begonnen. Das „Kinematographentheater“ lag im Gebäude Ecke Mühlstraße/Neckargasse. In einer langen Reihe von Neubauten, Eröffnungen, Schließungen, Umbenennungen und Besitzerwechseln spielte eine Tübinger Vater-Sohn-Geschichte die wichtigste Rolle: Es geht um Kurt und Volker Lamm. Kurz nach dem Krieg begann der Senior als junger Mann bei der „Internationalen Filmunion“, einem Zusammenschluss der Tübinger Filmtheater in der französischen Besatzungszone, als angestellter Theaterleiter bei den Hirsch-Lichtspielen und übernahm diese 1950 in eigene Regie. Mit der Geschichte von Blauer Brücke, Filmtheater am Haagtor, Gloria, Löwen, Museum, Metropol und Universum könnte man ein eigenes Buch füllen.

Sohn Volker Lamm, der das Unternehmen als Geschäftsführer der Vereinigten Lichtspiele weiterführt, erinnert sich an damals erfolgreiche Filme: „Goldrausch“, „Die 3 Musketiere“, „Bitterer Reis“, „Bambi“, „Frauenarzt Dr. Prätorius“, „Die gute Erde“. Als 1951 „Die Sünderin“ mit Hildegard Knef gezeigt wurde, reisten so manche nach Stuttgart, um anonym den Streifen mit einer Nackten zu sehen. 1952 hatte sein Vater Kurt Lamm die Museum-Lichtspiele übernommen und den ehemaligen Wintergarten des Lustnauer Ochsen umbauen lassen. Foyer und

Die Zeit der beweglichen Bilder begann. Dafür steht in Tübingen das Metropol.

Kasse wurden in einem kleinen Anbau eingerichtet, und als Zusatzheizung wurden Gasöfen aufgestellt. Das 250-Plätze-Kino Gloria-Lichtspiele war kreiert. Es gedieh aber nie so richtig, denn nicht einmal die Gasöfen funktionierten anstandslos.

Als 1953 berühmte Schlager- und Komödienstars durch die Lande tourten und auch Tübingen auf dem Plan stand, stellte Kurt Lamm gern seinen Kinosaal im Museum zur Verfügung. Der „Bunte Abend" war erfunden und zog bis 1964 Besucherscharen an. Mit seiner „Auslese im Abendstudio Museum" schuf Lamm einen Qualitätsbegriff und eröffnete mit „Der Reigen" diese Reihe. Als Gäste begrüßte Lamm u.a.: Heinrich Harrer, Helmut Zacharias, Cornelia Froboess, Peter Frankenfeld, Kurt Reimann.

Und dann diese Szene: Fußgängerströme ergossen sich vom Bahnhof durch die Mühlstraße zum Museum: Sie alle wollten nur eins: Sissi sehen. Als 1955 der österreichische Historienfilm (nach dem Roman von Marie Blank-Eismann von 1952) gezeigt wurde, stand die Kinowelt Kopf. Im Foyer musste man die Wand zur Kasse abstützen, damit sie von den anstürmenden Fans nicht niedergerissen wurde. Samstags, sonntags, da war kein Halten mehr. „Sissi" mit Romy Schneider lockte in vier Tagen knapp 12 000 Besucher ins Kino.

1954 wurde in Tübingen der erste CinemaScope-Film gebührend gefeiert, ein Verfahren, mit dem man extrem breite Großbilder in Verbindung mit Stereoton vorführen konnte. Im Oktober lief im Museum „Das Gewand" mit Richard Burton und Jean Simmons an.

Herta Schreiner erinnert sich an den Tag, als Vater den Kauf des Fernsehapparates beschloss. Ein Jahr würde man richtig sparen müssen, dann könnte er 1000 Mark aufbringen. Anmerkung dazu: Das Monatseinkommen des Vaters, der Ingenieur war, lag bei 500 DM brutto. Walter Schreiner kaufte den ersten Fernseher der Familie bei Elektro-Mayer oder Elektro-Schmid. Und tatsächlich, das Wunderwerk kam zu Weihnachten. Am 25. Dezember 1952 sah die Familie „Stille Nacht, heilige Nacht", ein Spiel um die Entstehung eines unsterblichen Liedes.

„Die ganze Filmwirtschaft und Kinolandschaft bekam Anfang der 60er Jahre die wachsende Konkurrenz des Fernsehens zu spüren. Seit seiner Einführung 1952 wurde das Fernsehen als der ‚Totengräber' der Kinokultur angesehen, denn ihm wurde die Hauptschuld für das Kinosterben Mitte der 60er Jahre angelastet", erzählt Volker Lamm. In Tübingen schloss das Gloria, in Dusslingen das Roxy.

Marika Rökk, Star aus vielen Filmen, Revuen, Tanztheatern, hielt Hof im Tübinger „Museum", wo Kurt Lamm sie stolz begrüßte.

Tönende Zauberdose

Jetzt schalt endlich aus!", rief Mutter aus der Küche und Georg stellte die Musik ab. Stille. Dann ein Stöhnen! Wieder hatte er sich verbrannt. Schick war das Radiogerät ja wirklich, und es hatte stolze 215 DM gekostet. Zauberdose der tolle Name, aber diese Keramikhülle! Bei längerem Betrieb wurde sie so heiß, dass man sich beim Ausschalten die Finger verbrennen konnte.

„Zauberhaft" ging es auch bei den Kirchners zu. Karl Kircher, Buchhändler in der Mühlstraße, kaufte 1952 bei Elektro Mayer oder Elektro Hagemann ein Radiogerät Marke „Zauberflöte". Preis: um die 300 DM. Die Familie hatte wenig Zeit zum Radiohören, aber der kleine Friedrich drängelte am Sonntagnachmittag, dass er den Apparat für die Kinderstunde anstellen durfte. Dabei achtete er darauf, dass das magische Auge auch gleichmäßig grün schien, dann hatte er einen guten Empfang. Beide Apparate, Zauberdose und Zauberflöte, waren von LTP, Apparatewerk Lennartz & Boecke KG, Tübingen (späteres Himmelwerk) produziert worden.

Willy Bürkle, Teilhaber der Tübinger Radiofirma, hatte die Idee gehabt, dem Radio einen Keramikkörper zu geben, der eine bessere Klangübertragung biete. Wärmeentwicklung und Zerbrechlichkeit bescherten der Erfindung allerdings ein baldiges Ableben. Die Firmen machten Konkurs – und das zu einem Zeitpunkt, als die Entwicklung der Rundfunkgeräte erst richtig begann. Doch die Zeit der Kleinhersteller neigte sich ihrem Ende entgegen, wie Rundfunkfachmann Günter Abele später analysierte. Auch einem „Reisesuper“, einem Kofferradio, gelang nicht der Sprung in die Riege der Verkaufsschlager. Er wurde für unter 100 DM verramscht. „So endete das Tübinger ‚Zauber-Koffer-Radio-Intermezzo‘. In den Katalogen von 1951/1952 war die Himmelwerk AG nicht mehr zu finden‘“, erklärt Abele. Die Firma entwickelte im weiteren Verlauf Hochfrequenz-Industriegeneratoren, wurde später zum „Bauknecht-Werk Tübingen“, noch später zur „Flender-Himmel Tübingen GmbH“ und noch später zur „Flender AG“.

Extravagant und unpraktisch: die Zauberdose. Zeitgemäß mit magischem Auge: die Zauberflöte. Zwei Radiogeräte aus Tübinger Produktion.

Als Horst Tappert noch nicht Derrick war

Das Publikum tobte vor Begeisterung und hatte auch nicht die Kälte im Theatersaal gescheut. Wer konnte, brachte Holzscheite zum Verfeuern mit. Man behielt die Mäntel an. Hannes Messemer soll erzählt haben, dass es zu den mageren 150 Reichsmark Gage von den Franzosen eine zweite Lebensmittelmarke und die Erlaubnis gab, im Offizierskasino mit drei Gängen, Wein und sogar Zigaretten zu speisen. Die Kostüme bestanden aus Rupfen, die Kulissen waren aus Papierwänden zusammengesetzt. Und wenn es denn losgehen sollte mit der Vorstellung, waren oft die Kabel und Glühbirnen verschwunden. Bei den ersten Fahrten durchs Land musste der Intendant Wolfgang Müller vor dem mit Holzgas angetriebenen Kulissenwagen gehen, um dem Fahrer den Weg zu zeigen.

Theater steht auch in Schreckenszeiten nicht still. Und erst recht nicht danach. Bereits im Oktober 1945 war ein „Städtisches Schauspielhaus Tübingen-Reutlingen“ mit Sitz in Tübingen gegründet worden, das mit regelmäßigem Vorstellungsbetrieb auch Reutlingen bediente. Mit der Eröffnung des „Schauspielhauses“ im Museum begann ein neuer Abschnitt Stadtkultur. Der Krieg hatte bekannte Theaterleute nach Tübingen verschlagen. Der erste Regisseur, Günther Stark, der vom Reichsgautheater Posen kam, bildete mit Unterstützung der französischen Militärregierung ein Ensemble, zu dem so bekannte Größen wie Anna Damman, Elisabeth Flickenschildt, Lotte Hardt, Erika von Thellmann und der Berliner Schauspieler Theodor Loos, der als ehemaliger Kulturfunktionär der Nazis in der amerikanischen Zone nicht hatte auftreten dürfen, gehörten. Hannes Messemer und Horst Tappert, der spätere Kommissar Derrick, erklommen hier die ersten Stufen ihrer Karriereleiter. Auch Gustl Bayrhammer oder Johanna von Koczian bespielten hier die Bretter, die die Welt bedeuten. In den mageren Jahren gingen sie zu Tante Emilie oder in den Pflug, wo es markenfreies Pferdekotelett gab. Sensationell: Während des ersten Spieljahrs 1945/1946 wurden unter diesen schwierigen Umständen elf eigene Inszenierungen auf die Bühne gebracht.

Horst Tappert als Staatsanwalt zusammen mit Lotte Hardt auf Tübinger Bühnenbrettern.

Paupersingen

Die klaren Stimmen der Jungen gegen die dunklen der Älteren – ein Vergnügen, den Paupern beim Singen zuzuhören. Wenn die Hinteren die Vorderen stupfen, fegt die Aufmerksamkeit des Präfekten dazwischen. Mit ihrer gusseisernen Laterne und der Sammelbüchse sind sie in der Altstadt unterwegs, und die weihnachtliche Stimmung verzaubert die Gassen. Milde Gaben klingeln, denn die Lieder rühren jeden an, der vorbeikommt.

Vom 1. Advent bis zum Erscheinungsfest am 6. Januar mussten die „armen“ Jungen auftreten und zeigen, was sie in den Musikstunden gelernt hatten. Das Paupersingen hat sich aus der Tradition der alten Bruderschaften entwickelt, wie dem Weingärtnerbund, der Schmiedkerzenbruderschaft oder der Salve-Bruderschaft zur Pfarrkirchen. Unter ihrem Präfekten

Voller Inbrunst singen Paupersänger von Armut und Mitleid.

sangen die mittellosen Schüler, die Päuperle, für Heller und Pfennig auf den Straßen. Kameraden liefen von Haustür zu Haustür, um Spenden einzusammeln. Gegen den Schnee und die Kälte kämpften sie in ihren dünnen Kutten und leichten Schuhen an. „Was befehlet Sie, dass mer senga sollet?“, fragten sie gehorsam und gaben die Wünsche an den Chor weiter. Mancher wählte ein Lied, um einem geizigen Nachbar eins auszuwischen. Etwa dieses:

So mancher schwimmt im Überfluss,
hat Haus und Hof und Geld
und ist doch immer voll Verdruss
und freut sich nicht der Welt.
Je mehr er hat, je mehr er will:
Nie schweigen seine Klagen still!

Gab es kein Geld, sondern Lebensmittel oder Gutsle, wurden sie meist auf dem Heimweg schon verspeist. Zwischen 1909 und 1949 verschwand dieser Brauch aus Tübingen. 1950 hat ihn Rektor Franz Lang wiederbelebt. Ehemalige Pauper, mittlerweile ältere Herren in Anzug, Schlips, Kragen und steifen Hüten, sangen für die Armen und luden die nächste Generation zu diesem schönen Brauch ein.

Zeitungsfräulein Fischer

Professor Häring ging die Mühlstaße entlang und grübelte über historische Daten nach. Da, plötzlich rempelte ihn ein Gefährt an, er sprang zur Seite! „Aber Fräulein Fischer, wenn Sie mich nun wirklich zu Tode gefahre hättet!" – „Herrgott, dann hätt des en Extrablatt gebbe!" Die Zeitungsausträgerin Emma Fischer, genannt „die Wanz", machte kein großes Aufhebens von ihrer Attacke. Seelenruhig zog sie mit ihrem Wägele weiter.

War es Humor, der sie trug? Oder eher Galgenhumor? „Grüß Gott, ihr Leut" war ihr Gruß. Heute würde man sie schräg nennen. Sie hatte in ihrer Jugend als Soldatin bei der Heilsarmee gedient und war singend durch die Straßen gezogen. Nun belieferte sie die Tübinger mit der Tageszeitung Tübinger Chronik. Dass es in ihr keineswegs heiter aussah, belegt ihr Freitod 1959. Sie war 69 Jahre alt und starb kurz nach Tante Emilie. Die Stadt verlor zwei Originale.

Zeitungsfräulein Fischer: humorig und schräg – ein Original der Nachkriegszeit.

Tierische Begrüßung am Bahnhof

Papageien krächzten, eine Affenbande winkte und brachte alle zum Lachen. So freundlich wurde man in wenigen Städten am Bahnhof empfangen: Kinder zerrten am Arm der Mutter über die Straße. Ein kleiner Zoo lockte Tierfreunde an. Für 15 Pfennig Eintritt durfte man Zwergziegen streicheln, Braunbär Robert ein Zuckerstückchen zuwerfen oder die Wildsau Moritz besuchen. Die war nicht immer da, manchmal haute sie auch ab, machte zum Beispiel einen Ausflug ins Finanzamt und soll dort wohl mal ein paar Aktenberge durchwühlt haben.

Seit 1947 existierte der kleine Zoo, den Theodor Widmann eingerichtet hatte. Man erzählt, dass mit diesem Unternehmen kein Blumentopf zu gewinnen war. Der Herr besaß eine Hose, und wenn seine Frau Henriette die mal waschen, bügeln oder flicken musste, legte er sich so lange ins Bett. Aber nicht mangeln-

Diese freundliche Affenbande wohnte im Zoo am Bahnhof.

de Einnahmen bereiteten der Einrichtung ein Ende, sondern der immer rasanter wachsende Verkehr. Eine Straße musste verbreitert werden. Die 1000 Mark Zuschuss, die die Stadt gezahlt hatte, konnten nach der Schließung eingespart werden. Der alte Herr Zoodirektor bekam, schwer erkrankt, von Äthiopiens Kaiser Heile Selassi noch einen Löwen geschenkt, aber der schnupperte nie Tübinger Luft, sondern blieb in der Stuttgarter Wilhelma. Theodor Widmann starb 1957 und mit ihm ein Stückchen Stadtgeschichte.

Bitte nicht die Musen stören

Wie gefährlich könnte eine solche Baurotte werden? Wehe uns, wenn wir der Despotie der rohen Massen preisgegeben würden!", hieß es vor dem Bau des Bahnhofs. Er sollte jenseits des Neckars entstehen: „Der Sitz der Musen in seiner beschaulichen Ruhe sollte nicht durch das mit dem neuen Verkehrsmittel unzertrennliche Geräusch gestört" werden. Immerhin entstand einige Schritte weiter der schöne Park. Für den Anlagensee wurde 1906 der Mühlbach ausgebaggert, und bald gab es reichen Fischfang: Weißfische, Karpfen, Forellen und Aale. Übrigens: Der Hölderle ist nicht über die Platanenallee oder unter den Kastanien gewandelt. Das große Grün wurde erst nach seinem Tod angelegt. Nicht nur zur Verschönerung, sondern zur wirtschaftlichen Verwertung: Die Kastanien waren auch als Viehfutter gedacht.

Glasoase in der Stadtmitte

Der Tee duftet aus zartem Porzellan, Orchideenduft liegt über dem hübsch gedeckten Tisch. Eva und Gerhard Schneck haben in ihren Wintergarten eingeladen, um über alte Zeiten zu sprechen. Man sitzt unter einer prachtvollen Yuccapalme. Solch ein Exemplar ist käuflich gar nicht zu erwerben und schon gar nicht, wenn es einen fast durchs ganze Leben begleitet ...

1950 haben sich die beiden zu ihrem ersten Rendezvous im Palmenhaus des alten Botanischen Gartens getroffen. Dort saßen sie in feuchter Schwüle und eröffneten einander ihre Liebe. Er wollte alles über sie wissen, und sie interessierte sich dafür, wie er sich sein Leben vorstellte. Er wollte den Betrieb des Vaters übernehmen. Aber jetzt war es dieser Augenblick, der zählte. Er riss ein Blättchen von einer Palme ab und schwor ihr Treue. Sie blieben noch eine

In solch feine Uniform waren die Angestellten des Botanischen Gartens gekleidet.

Zeit lang sitzen und träumten in den Tag hinein. Zu Hause stellte Eva das Blättchen in ein Marmeladenglas, gab ihm Wasser, wöchentlich, und dachte an ihren Schatz.

Was dann geschah, verbindet sie noch heute: Das Blatt bildete Würzelchen, deren Entwicklung Eva verfolgen konnte, bis sie die Minipalme einpflanzte. Dass es sich um eine Yucca handelte, sah sie erst viel später, als sich weitere Blätter und dann ein Stamm herausbildeten. 58 Jahre ist das nun her, und in der Erinnerung schwingt eine Portion Zorn mit. Über 100 Jahre alt konnte die „Zierde des Botanischen Gartens“ werden, dann wurde dieses schöne Palmenhaus 1970 abgerissen. Trotz Unterschriftenaktion und Lampionfest musste das historische Gebäude weichen, weil eine Renovierung zu teuer geworden wäre. Die Universitätsinstitute der Biologie waren auf die Morgenstelle verlegt worden, und dort entstand auch ein neuer Botanischer Garten. Die Gusseisen-Glas-Konstruktion im Neo-Renaissance-Stil jedoch bleibt unvergessen, und Eva und Gerhard behalten ihn mit ihrer Pracht-Yucca als „ihren“ Ort in Erinnerung.

Visionär und Pragmatiker

Kantig war der Remstalrebell. Man könnte ihn fast als Michael Kohlhaas bezeichnen, als einen, der mit aller Kraft, bisweilen sogar zum eignen Schaden, für Gerechtigkeit kämpft. Helmut Palmer war einer der großen Württemberger der Nachkriegszeit. Bewundert und verehrt, verhöhnt und verspottet wurde er, aber er hat sich nie unterkriegen lassen. Lieber hat er seine Strafen im Gefängnis abgesessen und dafür wiederum Respekt geerntet.

Den feinfühligen und naturliebenden Helmut Palmer lernte man kennen, wenn er Obstbäume als seine „Kinder“ bezeichnete. Er wollte, dass sie aufrecht der Sonne und dem Licht entgegenwachsen können. Dazu praktizierte er den Öschbergschnitt und lehrte ihn landauf, landab in Kursen. Diese aufrechte Haltung hat er auch sich und seinen Mitmenschen abverlangt. Geboren am 8. Mai 1930 in Stuttgart-Untertürkheim starb der Pomologe (Obstbaumsachverständige), Markthändler und Bürgerrechtler Helmut Palmer 2004 in Tübingen.

Helmut Palmers politische Laufbahn begann im Januar 1957 in Hofen am äußersten Zipfel des Landkreises Ludwigsburg. Dort hielt Helmut Palmer damals einen seiner berüchtigten Schnittkurse. „Mensch, der hat schwätza kenna“, sagten die Altvorderen. Einer davon war Heinz Bezner, mit dem Palmer-Biograf und Redakteur der Stuttgarter Zeitung, Michael Ohnewald, gesprochen hatte und diese Begebenheit in seinem Buch publizierte. Bezner forderte den damals 26-jährigen Pomologen Helmut

Markt vor dem Rathaus in den 50er Jahren: Bauersfrauen aus den Dörfern trugen Trachten. Viele verkauften ihre Produkte direkt aus den Körben, die auf dem Pflaster standen.

Palmer zur Kandidatur um den gerade frei gewordenen Bürgermeisterposten auf. Der bisherige Bürgermeister von Hofen, der aus dem Amte schied, hieß übrigens Kohlhaas, und das ist kein Scherz.

Aber Palmer wollte gar nicht, musste überredet werden und bekam nach kürzester Wahlkampfzeit bereits fast ein Viertel der Stimmen. Dieser Spontanerfolg des Parteilosen hatte Folgen. An die 300-mal bewarb er sich um einen Schultes-Posten und hätte ihn 1974 in Schwäbisch Hall auch fast bekommen. Die 41 Prozent machte ihm so schnell keiner nach. Zwar wurde er nicht gewählt, doch verwandelte er die Niederlage in einen Sieg. 10 000 bejubelten nicht den Wahlgewinner, sondern den Wahlverlierer Palmer, der sich als Opfer einer Manipulation sah. Von seinem Obstlaster herunter hielt er auf den Wochenmärkten weiter Volksreden. Sein Kampf gegen Behördenwillkür und Beamtenschläfrigkeit wurde Legende. Im selben Jahr bewarb er sich um den Oberbürgermeister-Posten in Tübingen, für den dann Eugen Schmid gewählt wurde. Gmelin war 20 Jahre OB gewesen, Schmid blieb es 25 Jahre.

In rauer Sprache zog Palmer gern die Beamten durch den Kakao. „Was haben Bürokratie und Hühnerleiter gemeinsam?", fragte er und antwortete sich selbst: „Beide sind beschissen." Dass die Behördenseite solche Hiebe nicht ungestraft einsteckte, war klar. Palmer meinte, er sei „der für Beleidigungen meistbestrafte Mann in Deutschland". Er soll zusammengerechnet zwei Jahre im Knast gesessen haben. Für Oberbürgermeister Manfred Rommel war er ein aufrechter Streiter für die Demokratie." „Gibt es einen Weg, Originale wie Palmer, die das politische Leben bunt machen, zu ertragen, ohne auf sie die Kanone des Strafrechts abzufeuern, die für ganz andere Fälle gedacht ist? Wenn es im Rahmen der Meinungsfreiheit zulässig ist, Soldaten als Mörder zu bezeichnen, könnten dann nicht an die Werturteile von Palmer großzügigere Maßstäbe angelegt werden?", wird er zitiert. Palmer war sogenannter Halbjude und uneheliches Kind und litt seit Kindertagen unter Diskriminierungen. Vielleicht bewirkte die schwere Kindheit seine „harte Schale".

Sohn Boris Palmer jedenfalls sieht mit Respekt zurück. Die politische Rolle, die dem Vater verwehrt geblieben ist, übernahm 2001 der studierte Mathematiker und zog als Abgeordneter der Grünen in den Stuttgarter Landtag. 2006 wurde er als 34-Jähriger

Markt im neuen Jahrtausend: Derselbe Platz, anderes Ambiente. Markthändler Helmut Palmer und Sohn Boris als politische Visionäre. Was dem Vater nicht gelang, schaffte der Sohn auf Anhieb. Boris Palmer ist seit 2006 Oberbürgermeister der Stadt.

mit absoluter Mehrheit zum Tübinger Oberbürgermeister gewählt. Als Junge hatte er den Vater auf die Märkte begleiten müssen. „Wer früh aufsteht, hat etwas vom Tag. Jetzt bin ich aber froh, dass ich nicht mehr um drei raus muss. Schon als 5-Jähriger war ich dabei, wenn wir dann zum Großmarkt fuhren. Um 6.30 Uhr warteten die ersten Kunden vor dem Stand. Wenn ich dann auf dem Tübinger Marktplatz stand und Salat und Erdbeeren verkaufte, hatte ich immer die Rathausuhr im Blick. Mit dem Schlag 12 war der Verkauf vorbei, dann ging's ans Aufräumen."

„Der offene Kontakt zu Menschen, der auf Märkten gepflegt wird, kann auch in der Politik sehr nützlich sein", erklärt er. „Politik wurde mir in die Wiege gelegt. Was meinem Vater besonders am Herzen lag? Die Verkehrsproblematik, die hätte er als Erstes in Angriff genommen. Ihm schwebten Seilbahnen in die Höhe vor: auf den Österberg, Richtung Kliniken, aufs Schloss, nach WHO. Die immer wieder und jetzt aufs neue aktuelle Stadtbahn-Idee hätte ihm gut gefallen. Straßenbahnen mochte er."

Der kurze Weg vom Marktstand zum Chefsessel im Rathaus hat Boris Palmer natürlich viel Aufmerksamkeit eingebracht. Fast täglich melden sich Tübinger mit Anekdoten über den Vater. „Ich sollte ein Buch herausgeben", lacht der Sohn und hat gleich eine kleine Geschichte parat. „Gestern kam ein älterer Herr mit einem Foto, darauf mein Vater vor seinem Haus. Als er in Tübingen zur Oberbürgermeisterwahl antrat, war es eines Abends zu spät für die Heimreise geworden. Ins Hotel wollte er nicht gehen, fand das wohl zu teuer. Da sprach er einfach ein paar Besucher der Veranstaltung an, so auch diesen. Der lud meinen Vater tatsächlich zum Übernachten ein. Später stellte sich heraus, er war CDU-Wähler..."

Was hätte der Vater ihm als Ratschlag mit auf den Weg ins Oberbürgermeisteramt gegeben? „Er hätte mich vor den Beamten gewarnt und davor, dass ich womöglich selber einer werde." – „Aber", so betont der junge Schultes: „Heute sieht die Situation ganz anders aus als damals in den 60er Jahren, als Obrigkeitsstaatlichkeit und Behördenwillkür herrschten. Heute herrschen Kundenfreundlichkeit und Kollegialität vor." Den richtigen Obstbaumschnitt hat ihn der Vater, die richtige Portion Diplomatie hat ihn wohl das Leben gelehrt.